Visión de la situación económica de Colombia antes y después de la
primera etapa del Sar-Covid-2
De David Alfonso Pinto Cataño
Twitter: @davidpintoc

Primera edición
Copyright© 2019 David Pinto Cataño
Editorial Parabellum. Los Ángeles, California – Estados Unidos
ISBN: 9798668624119

Visión de la situación económica de Colombia antes y después de la primera etapa del Sar-Covid-2

David Alfonso Pinto Cataño

EDITORIAL
PARABELLUM

DEDICATORIA

A mi hermana Diana por su colaboración, por su lealtad, amor incondicional, por ser una hermana muy especial, la mejor hermana del mundo, aportes y correcciones. Y a mi mamá Zoe por su apoyo, comprensión y amor. Y a Dios por darme la sabiduría.

CONTENIDO

INTRODUCCIÓN

Este libro es un compendio de mis columnas sobre la situación de económica de Colombia antes y después de la pandemia, que se convirtió en un shock de oferta y demanda, y se está convirtiendo en un shock financiero, que podemos definir como un desastre generalizado de la economía, a través de un conjunto de eventos que se originan a partir de una variedad de shocks socioeconómicos que causan una caída significativa del consumo y por lo tanto, de la demanda agregada en una gran cantidad de países, una fuerte devaluación de sus monedas y aumento de sus deudas externas, que es el caso de Colombia y de las economías emergentes (hispanoamericanas) y las economías del sur de Europa.

Ya muchas estaban en crisis por un desequilibrio del sector externo, es decir, un déficit en cuenta corriente financiado por un déficit fiscal, los llamados déficits gemelos, causados por una reprimarización de sus economías, que comenzó en la década del 80.

Y estos déficits en cuenta corriente financiados por la deuda de los países periféricos, solamente ha favorecido a los países del centro como Alemania, que son los grandes ganadores del comercio internacional y de la globalización.

En estas columnas se analiza la situación de Colombia, pero presenta una visión general de las economías emergentes y de la periferia, analizado desde punto de vista histórico de política monetaria y fiscal, desde una perspectiva del desarrollo económico y de la globalización. Presentado las soluciones para este quiebre del modelo económico neoliberal, con una visión general para aplicar a cualquier país del sur.

CAPITULO UNO. LA LAMENTABLE SITUACIÓN DE LA ECONOMÍA COLOMBIANA PARA EL 2017

Colombia puede terminar convirtiéndose en una Venezuela, España o en Grecia ¿Estamos al borde de una grave crisis económica?

La economía colombiana en los últimos años no ha tenido un buen manejo por parte del gobierno, esto ha hecho que la situación económica del país se haya precipitado en los dos últimos años en un periodo de desaceleración que no parece tener fin por las malas decisiones que ha tomado el Estado.

Todo esto tiene un origen cuando el gobierno coloca todas sus esperanzas, para lograr el desarrollo económico del país, en la locomotora minera. Esto trajo como consecuencia la Enfermedad Holandesa que vivió la economía colombiana, que básicamente consiste en una alta revaluación del peso, lo que conlleva a un deterioro del sector industrial, que a su vez es uno de los mayores sectores de la economía que genera el empleo formal en el país. Esta revaluación también afectó a la agricultura.

Y este deterioro sucede porque tener un peso fuerte hace que nuestros productos sean más costosos y menos competitivos en el exterior. Esto creó en el país un desbalance en las variables agregadas que se manifiestan en un déficit en cuenta corriente, está era financiada por la alta inversión extranjera proveniente de proyectos mineros en el país y también por los altos precios de los commodities, entre estos el petróleo.

Pero esto terminó cuando los precios del petróleo se derrumbaron, por consecuencia no hay como financiar este déficit en la balanza de pagos que hoy representa el 6% con respecto al PIB de la economía colombiana, algo que es insostenible y que son secuelas de la Enfermedad Holandesa.

Empieza por parte del gobierno otra tanda de errores en sus políticas económicas que no resuelven de manera estructural los problemas de la economía del país. Estos errores son los siguientes:

1. Dejar que la moneda se devalúe entorno a un 70% para disminuir el déficit en cuenta corriente, es decir, disminuir las importaciones y aumentar las exportaciones. Pero esto no logra el objetivo y lo que causa es afectar más el sistema de costos de las empresas nacionales, que deben importar gran parte de la materia prima y de bienes intermedios. Esto no permite que los precios de los productos disminuyan, por lo tanto, no son competitivos en el exterior y hace que aumente el

precio de los productos nacionales y extranjeros. Todo esto trae como consecuencia un aumento en la inflación de más del 7%.

2. Para disminuir el error en la política económica explicado en el párrafo anterior, el banco emisor implementa políticas monetarias de contracción. Aumenta la tasa de interés alrededor del 10%, ocasionando una contracción de la demanda agregada más que todo en la inversión, llevando a la economía del país a la crisis que está teniendo actualmente.

3. Debido al déficit fiscal de 3.5% con respecto al PIB se implementa una reforma tributaria regresiva, que se caracteriza por un aumento de los impuestos indirectos en este caso el IVA, que pasa de 16% a 19%. También aumentando el número de bienes gravados ocasionando aún más la entrada a una recesión económica por el efecto que tiene estas políticas sobre la demanda y afectando drásticamente a la población más pobre.

Todo esto se ve reflejado en el crecimiento económico que tuvo Colombia para el año 2016, que estuvo alrededor del 1.9%, cuando la cifra optimista del gobierno a comienzo de 2016 era de un crecimiento de 3.5%. Todas las acciones que ha hecho el gobierno han logrado que el país entre en un periodo de recesión y como ocurrió en los países europeos como España y Grecia a través de esa recesión disminuyeron el déficit de cuenta corriente.

En vez de tener una política que incentive la demanda con una política de expansión monetaria, disminuyendo la tasa de interés, interviniendo la tasa de cambio de manera selectiva, planteando políticas reales y efectivas de apoyo al sector industrial y agrícola, cambiando la oferta de estos productos y que sean acordes a la demanda mundial, por ejemplo, en agricultura producir más cereales y productos derivados del ganado. Esperando el gobierno que con la recuperación de la demanda se pueda realizar una reforma tributaria progresiva, es decir, de impuestos directos que paguen los que ganen más. Pero nuestro gobierno está haciendo todo lo contrario van a pagar más los que menos tienen.

CAPÍTULO DOS. ¿QUÉ HA PASADO CON EL CAMPO COLOMBIANO EN LOS ÚLTIMOS 60 AÑOS?

En las últimas décadas se ha podido apreciar el retroceso del campo colombiano con su participación en el PIB, que ha disminuido de un 18% a un 6% y con un crecimiento promedio de 2% anual.

En promedio el 57% de la población rural es pobre, se puede argumentar que esta situación tan lamentable en el campo colombiano se debe dos causas directas, que son:

1) A comienzo de la década de los años 50 después de la Segunda Guerra Mundial nace la teoría de desarrollo económico, en un intento de los Estados Unidos por frenar el avance del comunismo en los países aliados (las ex colonias y los países de áfrica, Asia y América) considerados como subdesarrollados en esa época.

Se implementó una serie de teorías y conceptos desarrollados en los E.E. U.U para mejorar la calidad de vida de estos países y alcanzar el nivel de vida de los Estados Unidos y los países de Europa occidental, implementando el mismo modelo seguido por ellos en el Siglo XIX y comienzos del Siglo XX que fue la industrialización, sin entender que cada uno de los países es distinto en sus condiciones socioeconómicas y en sus momentos históricos, por lo cual no se podía aplicar una receta genérica para todos.

Una de estas recetas genéricas que se creó y se aplicó de manera estándar en todos los países, incluyendo Colombia, fue la Teoría de la Modernización.

Que básicamente se trató que los países deben modernizarse, pasar de sociedades tradicionales a sociedades modernas e industrializadas.

Esto se lograba invirtiendo grandes cantidades de dinero en las zonas urbanas de las ciudades para que se desarrollaran, por ejemplo, invertir en escuelas, universidades, vías, servicios públicos, hospitales, entre otros.

La creación de empresas que generen empleos e ingresos y que mejoren la calidad de vida de la población urbana, haciendo con esto que hubiera una migración del campo a la ciudad para que las personas rurales se conviertan en una población urbana.

Logrando un cambio en la estructura económica del país dejando de ser una economía agrícola (primaria) para convertirse en una economía industrial (secundaria).

Planteando que el campo o la zona rural era sinónimo de atraso y pobreza, por lo tanto, el Estado no debía mal gastar los recursos invirtiendo en él; y esto lo notamos en el campo colombiano donde no se invirtió prácticamente nada en los últimos 60 años, esto dejó el campo colombiano con una muy baja productividad, debido a que no cuenta con infraestructura física (carreteras, puentes, puertos, servicios públicos, canales de riego, drenaje y mercados), para poder sacar los productos y venderlos en los mercados.

Haciendo que los costos de transporte, es decir los fletes, sean muy altos y se gasten el 60% de los ingresos en trasladar los productos, también los tiempos de transporte son muy largos.

En el campo colombiano no hay suficientes centros educativos (primaria, bachillerato y de educación superior) y los existentes no tienen una alta calidad, por lo tanto, no se tiene mano de obra capacitada para trabajar, la oferta de trabajo es muy baja y tampoco se cuenta con la tecnología necesaria.

Estas teorías fueron aplicadas por sesenta años en Colombia y se siguen aplicando, comenzando por la teoría de la modernización, la teoría en las etapas de crecimiento económico, el modelo de dos sectores de Arthur Lewis, la teoría de las pautas para el desarrollo de Hollis Chenery, entre otras.

Causando varios problemas en todos los aspectos socioeconómicos:

A) La miseria de las zonas rurales -explicada anteriormente- trajo como consecuencia que la población del campo no tuviera oportunidades, no hay fuentes de trabajo ni de estudio, esto crea baja productividad e ingresos de subsistencia, que no logran satisfacer sus necesidades básicas. Lo que conllevó a la violencia y la creación de grupos armados por el descontento de la población rural, desencadenando en la violencia de la década de los 50 hasta la actualidad, en el narcotráfico y los desplazamientos de la población huyendo de esto.

B) Por esta falta de oportunidades las personas se fueron del campo a la ciudad buscado empleo, buenos salarios para mejorar su calidad de vida, pero se encuentran que no tienen la capacitación para trabajar en la ciudad, generando desempleo y pobreza en esta población.

Estos dos factores generaron que, en las ciudades de Colombia, por ejemplo, Cartagena, creciera de forma desorganizada, sin ningún tipo de planeación, trayendo como consecuencia una expansión de barrios subnormales o invasiones donde llegan a vivir las personas que se desplazan del campo.

Los campesinos no encuentran ningún tipo de oportunidad en las grandes urbes generando que se dediquen a actividades ilegales para poder sobrevivir, causando violencia y una pobreza muy alta en las ciudades.

2) Otro factor que ha generado la lamentable situación de nuestro campo se empezó a dar en 1991:

Con la apertura económica del Gobierno de Cesar Gaviria, el agro colombiano dejó de ser productivo, se puso a competir a este sector de la economía colombiana con países donde el campo tiene una mayor productividad, es más eficiente, tiene mayor tecnología y los gobiernos de estas naciones les dan subsidios a los campesinos para aumentar su productividad.

Esta apertura económica comenzó con una reducción arancelaria paulatina de 40% al 5%, eliminando cualquier tipo de subsidio a los campesinos colombianos, dejando a nuestro campo sin ningún tipo de protección.

Los campesinos se quebraron y perdieron mercado frente a la competencia extranjera.

Los gobiernos de las últimas seis décadas no han hecho prácticamente nada para remediar esta situación, como, por ejemplo, realizando planes de inversión para disminuir las desventajas y aumentar la productividad.

Lo preocupante es que el Gobierno aún no toma medidas para poder revertir esta situación. Firmaron varios TLC, argumentando que los beneficios de estos tratados son la llegada de productos de otros países con precios menores a los existentes en el mercado colombiano, beneficiando al consumidor.

El campo colombiano está en clara desventaja con el agro de la mayoría de los países con quienes tenemos TLC, se tiene la concepción errada que el comercio internacional deja a todas las naciones que participan en él como ganadoras, cuando en realidad es una guerra donde hay ganadores y perdedores.

El Estado Colombiano ha firmado los TLC con base en el concepto de la ventaja comparativa de David Ricardo (una teoría del Siglo XIX), debemos especializarnos donde seamos más eficientes sin tener en cuenta las otras variables de las cuales depende nuestra productividad, como: infraestructura física, educación, acceso a tecnología, entre otras.

Al aplicar la teoría, Colombia se especializó en productos tropicales porque son fáciles de producir en los campos colombianos, pero estos productos tienen una baja demanda mundial. Se debe producir lo que se demanda a nivel internacional que son: cereales, granos y derivados de la ganadería. Trayendo como consecuencia un déficit de cuenta corriente en Colombia de 6,5% con respecto al PIB del país.

Esto ha traído como consecuencia unas zonas rurales deprimidas y pobres, sin empleo, con casi ningún tipo de agroindustria, sin oportunidades de educación, un campo fértil para que la violencia siga creciendo. Si no se mejoran las condiciones sociales el flagelo de la violencia en Colombia no se va a acabar nunca.

CAPÍTULO TRES. LA DIFERENCIA ENTRE DESARROLLO ECONÓMICO Y CRECIMIENTO ECONÓMICO

Normalmente las personas en su vocabulario coloquial y diario confunden los conceptos de desarrollo económico y crecimiento económico. Igualmente, en los medios de comunicación a veces los usan de manera indistinta, lo cual es una equivocación e induce a la población a ideas erróneas.

Desarrollo económico es el mejoramiento sostenible del nivel de vida de la población, el cual se da en el consumo de bienes, servicios, educación, salud y protección al medio ambiente.

Y este desarrollo económico en un país se da cuando la población devenga los ingresos suficientes para poder tener el poder adquisitivo necesario para satisfacer sus necesidades básicas. Esto sólo se logra cuando se genere empleo formal, se ofrezca la cobertura suficiente y de calidad en los diferentes niveles educativos (básica, media y superior) para que las personas puedan acceder a la educación, del mismo modo con la salud y sin olvidar que para lograr el desarrollo económico no podemos sacrificar los recursos de las nuevas generaciones, lo que llamamos desarrollo sostenible.

En un horizonte mucho más amplio, esta definición también incluye otros aspectos como igualdad de oportunidades, libertades políticas y económicas a todos los seres humanos, sin distinción de sexo, grupos étnicos, raza, religión o país.

Alcanzar algunas de las variables, antes mencionadas, no garantizan que un país tenga desarrollo económico, por ejemplo, Cuba tiene alta cobertura en educación y salud, pero las personas no tienen libertades políticas (no pueden elegir a sus gobernantes), económicas o libertad de expresión, por eso se considera que no son países con alto desarrollo económico.

Medir el desarrollo económico de un país no es fácil porque no existe una medida que integre todas las variables, mencionadas antes, en un solo índice o indicador.

Para tratar de remediar esto se han utilizado otros indicadores como el Índice de Desarrollo Humano (IDH) desarrollado por el Programa de las Naciones Unidas para el Desarrollo (PNUD) en los años 90; este índice está compuesto por tres medidas que son: esperanza de vida, tasa de alfabetización y PIB per cápita.

Ahora bien ¿Qué es crecimiento económico? No es lo mismo que desarrollo económico.

Definimos crecimiento económico como el aumento porcentual del Producto Interno Bruto (PIB) de un periodo a otro periodo de tiempo.

El Producto Interno Bruto (PIB) es el valor monetario de todos los bienes y servicios finales producidos en una economía durante un periodo de tiempo. Es decir, crecimiento económico es simplemente producir bienes y servicios, es la generación del ingreso de una economía.

Que se produzcan más zapatos o que una empresa gane más utilidades no genera, por ejemplo, que la familia de Carlos o Andrés tenga una mejor calidad de vida como se definió anteriormente.

Por eso el crecimiento económico no produce siempre desarrollo económico, esto se puede evidenciar en Colombia, en la última década tuvo un crecimiento en promedio de 4,0%, pero esto no generó una mejor calidad de vida de su población.

¿Por qué pasa esto en Colombia y en otros países? Porque los ingresos que se obtienen del crecimiento económico no se utilizan para que se dé un desarrollo económico, por los siguientes motivos:

1) Concentración de los ingresos: Colombia es uno de los países del mundo con mayor concentración de la riqueza, es decir, los ingresos provenientes del crecimiento económico se concentran en una pequeña porción de la población, y esto se nota en el coeficiente GINI, que es un índice de concentración de la riqueza que va de 1 a 0, cero cuando no hay concentración de la riqueza y toda se reparte equitativamente entre toda la población y uno cuando la riqueza está concentrada en una sola persona.

Según el DANE, Colombia para el año 2016 tenía un índice GINI de 0,517, lo que quiere decir que la mayor parte de la población colombiana no se benefició de este crecimiento y su calidad de vida permaneció igual o desmejoró.

En las últimas décadas hubo un aumento de los ingresos de la población debido a la revaluación (el peso tiene un valor mayor frente otras divisas, ejemplo, el dólar) de la moneda lo que permitió que los bienes importados (bienes comprados en el exterior) tuvieran un menor costo, pero esto se perdió durante los últimos dos años debido a que se dio una devaluación del peso en una 60%.

Colombia no tiene una política social fuerte que pueda enfrentar los ciclos económicos de expansión y recesión, esto afecta a la población en gran medida. Cuando el crecimiento disminuye aumenta el desempleo y la pobreza.

Pese a que el gobierno ha cambiado la metodología de medición en los últimos años, a nivel nacional las personas que están en la pobreza monetaria para el año 2016 son el 28% de la población y la que está por debajo de la línea de pobreza monetaria extrema es de 8,5% de la población colombiana.

Para reducir el número de personas pobres dentro de los indicadores nacionales, el gobierno modificó los criterios para medir la línea de pobreza monetaria. Actualmente las personas que se ganen menos $241.673 pesos mensuales son consideradas pobres y sus ingresos solo les alcanzan para cubrir necesidades básicas (alimento, vivienda y transporte). De acuerdo a esto, si un colombiano gana más de $241.673 pesos mensuales no es considerado pobre, lo cual es absurdo porque todos sabemos que con $250 mil pesos mensuales no alcanzan para que una persona viva mínimamente bien en Colombia.

Del mismo modo, el indicador para medir la línea de pobreza extrema monetaria, el valor de ingreso mensual con que se mide actualmente es de $114.692 pesos por persona, lo cual según el gobierno nacional sólo alcanza para suplir la alimentación.

Si se suman los dos indicadores (pobreza monetaria más pobreza extrema monetaria) el 36,5% de los colombianos viven mensualmente con menos de $250.000 pesos. Cartagena tiene un índice de pobreza monetaria de 29,1 %, mayor que la cifra a nivel nacional.

Como vemos Colombia no ha tenido una política de estado para mejorar la calidad de vida de la población, es decir, no se ha preocupado por aumentar el desarrollo económico del país en las últimas décadas.

2) La corrupción también es una forma de concentración de la riqueza, donde unas personas se quedan con los recursos de los contribuyentes que pagan impuestos, para que el Estado los invierta en toda la población, mejorando el nivel

de vida de esta, por ejemplo, invirtiendo: en educación, salud e infraestructura, es a través de los impuestos que el estado distribuye la riqueza.

Estas son las dos mayores causas que impiden que se produzca desarrollo económico, en muchos países y en Colombia.

Pero se debe tener algo en claro, el crecimiento económico por sí solo no produce desarrollo económico, pero para que exista un desarrollo económico sostenible en el tiempo se necesita que haya crecimiento económico que genere los ingresos para invertir en las variables señaladas a comienzo de este artículo.

Colombia en el año 2016 tuvo un crecimiento 2% y está a punto de entrar en un periodo de recesión económica, lo que afecta la capacidad del estado para invertir y lograr un desarrollo económico.

Para evitar esto el gobierno debe cambiar su política y su estructura económica, generar una política clara para incentivar la industria y la agricultura.

El sector de la industria es el que genera el mayor empleo formal en Colombia y produce ingreso para la población. La agricultura también es importante para la creación del empleo, estos sectores se protegen con una política arancelaria a favor de la industria y la agricultura (agroindustria) que le permita tener una curva de aprendizaje para volverla competitiva.

También, estos sectores deben producir bienes que satisfagan la demanda mundial, menos commodities. El estado debe tener una política monetaria de expansión e intervenir la tasa de cambio de manera selectiva. Tratar de hacer una reforma tributaria progresiva, en la cual paguen los que ganen más, principalmente las personas naturales; crear un impuesto a los dividendos y reducir los impuestos indirectos.

Para así lograr un crecimiento económico y con estos recursos invertir en mejorar la calidad de vida de la población. Invertir en educación, salud y generar empleo, lo que no se pudo lograr con la anterior bonanza de los commodities, que se desaprovecho por los últimos dos gobiernos y lo que hicieron fue endeudar más al país.

CAPÍTULO CUATRO. SOLUCIONES PARA MEJORAR LA SITUACIÓN DEL CAMPO

En el capítulo dos esbocé la problemática que existe en el agro colombiano, en este quiero proponer algunas acciones y gestiones que aplicadas podrían mejorar la situación del campo. El Gobierno Nacional debe tener una política clara para incentivar el agro, fortaleciendo y creando agroindustria que genere empleos estables y le den poder adquisitivo a la población.

Una estabilidad laboral y un mayor poder adquisitivo es necesario para poder satisfacer las necesidades básicas (vivienda, alimentación, salud, recreación y educación) de la población rural.

El departamento de Bolívar aporta el 4,3% del PIB nacional de Colombia, que es el valor monetario de todos los bienes y servicios finales producidos en la economía de un país, este caso Colombia en un periodo de tiempo, en palabras sencillas son los ingresos que produce la economía de un país; el 80% de este es producido únicamente por Cartagena. Esto significa que los beneficios y empleos que generan la producción son recibidos en su gran mayoría por los cartageneros y no por los bolivarenses.

Bolívar tiene una tasa de subempleo de 66%, empleo que se puede catalogar como informal porque no tiene prestaciones sociales ni estabilidad. El subempleo se basa en el rebusque del día a día, no genera un bienestar ni progreso social. Por ejemplo, una persona con un empleo informal no puede tener acceso al sistema financiero, la inestabilidad laboral no le permite tener la opción de obtener préstamos para adquirir vivienda o vehículo. Es a través del empleo formal que una persona puede acceder al sistema financiero, por ejemplo, si llueve y no puede salir a vender, no obtiene los ingresos para sostener su familia ese día, esto genera una inestabilidad económica e incertidumbre en esa familia, este tipo de empleo genera pobreza y miseria en la población y fomenta más la concentración de la riqueza y la inequidad.

El indicador que nos revela esto es el índice GINI, que mide la concentración de la riqueza. Donde UNO significa que en una sola persona se concentra toda la riqueza y CERO cuando la riqueza de reparte equitativamente entre toda la población. En el departamento de Bolívar para el año 2015, el indicie GINI fue de 0,489, lo cual muestra que la riqueza del departamento se concentra en su gran mayoría en Cartagena, y dentro de la ciudad la riqueza se concentra en pocas personas. Lo cual nos muestra como la desigualdad y la inequidad social es el pan del día en los municipios de Bolívar, así como también en todas las zonas rurales de Colombia.

Lo primero que debe hacer el gobierno es crear una política agropecuaria cuyo énfasis sea incentivar la producción de productos que tengan demanda mundial y que no sean productos tropicales. La demanda mundial de productos agropecuarios se concentra en los cereales, los productos derivados de ganado y los forestales.

En pocas palabras, que Colombia produzca productos agropecuarios que se puedan vender en el exterior, a un buen precio, que generen utilidades a los productores para que estos inviertan en el campo, así aumenten los ingresos de los pequeños productores para tratar de reducir la pobreza de nuestros campesinos.

Complementando lo anterior, se deben tener aranceles selectivos que protejan el sector y les permitan a los campesinos tener una curva de experiencia, generar economía de escala en la agricultura, producir en grandes extensiones de tierra, para que los costos por hectárea disminuyan y aumenten los ingresos. De esta manera se puede invertir en infraestructura fisca necesaria para la región, como carreteras, canales de riego, drenaje, entre otros. Esto permitiría que nuestros campesinos sean más competitivos.

Se hace necesario también que el gobierno invirtiera en más fertilizantes y mejores métodos de producción, un ejemplo para lograr esto:

1) Crear infraestructura física, carreteras (vías: primarias, secundarias y con énfasis en vías terciarias), utilizar las vías fluviales poder recuperar la navegabilidad por el rio Magdalena. Convertir este rio en la autopista fluvial para el país. Esta propuesta se puede convertir en la creación de un ferri que compre los productos agrícolas y los transporte a los mercados. Si se utiliza el rio Magdalena como una autopista fluvial los costos de transporte van a disminuir para los campesinos, así como los tiempos de traslado de productos, lo cual aumenta la competitividad y disminuye los costos. La infraestructura física es esencial para poder sacar los productos y llevarlos a los mercados locales e internacionales, ya que en promedio entre el 30% y 50% de los costos de los productos se deben al transporte.

2) Para aumentar los ingresos de los campesinos y tratar de reducir la pobreza, se deben crear programas para mejorar el suministro de riego y drenajes en Bolívar, por ejemplo, uno de los pocos sistemas de riego es el de María La Baja.

3) Incentivar la producción a gran escala o de grandes extensiones, diferentes modalidades: pequeños agricultores asociados y grandes productores, con asocio de esta empresa estatal (CORPOICA) de innovación y tecnología agropecuaria para así disminuir las desventajas biológicas y lograr una economía de escala. Mayor producción disminuye los costos fijos de producción, los costos bajan y se van repartiendo entre cada unidad producida, los costos fijos van disminuyendo por hectárea, por lo tanto, se puede generar una rentabilidad en el sector.

Se debe dar prioridad a producir productos agrícolas temperados como cereales y grano, productos derivados de la ganadería, como lo hace Brasil que se convirtió en el granero del mundo en los últimos años. Actualmente Colombia se concentra en producir y vender productos tropicales que no tienen demanda mundial.

CAPÍTULO CINCO. CRÓNICA DE UNA RECESIÓN ANUNCIADA DE LA ECONOMÍA COLOMBIANA (PRIMERA PARTE)

Los vientos de recesión económica y hasta de depresión económica que enfrenta nuestra economía no son nuevos, y no son culpa solamente de SAR-Covid 2019, como quieren hacer creer los responsables de la economía de los últimos 30 años, como si todo lo que está pasando no fuera su culpa.

Esto ya se veía venir desde hace mucho tiempo, como expliqué en el capítulo uno, haciendo un símil ya teníamos un cáncer que está en una fase terminal y nos dio además una neumonía. Para colocarnos en contexto hago el siguiente recuento:

Nuestra economía tuvo una época de crecimiento económico virtuoso desde 1967 a 1990 que comenzó en el gobierno de Carlos Lleras Restrepo y con su Ministro de Hacienda Abdón Espinosa Valderrama; en 1967 cuando implementando y adaptado a la colombiana el modelo industrialización por sustitución de importaciones y nuestra industria se fortaleció, teniendo Colombia tasas de crecimiento en promedio de 6,3% anual, eliminado el déficit externo, la cuenta corriente, es decir, exportando más de lo que se importaba y no teniendo una concentración de la riqueza tan alta.

Pero, desde 1990 a hasta la fecha el coeficiente Gini se elevó por encima de 0,50. Esta debacle económica es la que está teniendo su desenlace actualmente.

Esto inició con el Consenso de Washington a finales de la década de los 80, donde a través de esta propuesta en conjunta del Banco Mundial y FMI introdujeron la teoría neoliberal, que era la liberación de los mercados y la mínima intervención del gobierno a través de varios instrumentos:

1) El primer paso era buscar una estabilidad macroeconómica, disminuyendo la inflación y el déficit fiscal y exterior, para esto se recomendaba una contracción de la economía, que redujera el consumo público, privado y el déficit de la balanza por cuenta corriente.

2) Se divide en cuatro puntos:

    A) Liberación del comercio exterior

    B) Reforma del estado

    C) Reforma del mercado de trabajo

    D) Liberación del sistema financiero

Todo esto se aplica al pie de la letra por el gobierno de Cesar Gaviria y los demás presidentes. Y hoy en día en ejecución y con las nuevas reformas que el gobierno planea a hacer en el mercado laboral y las diferentes reformas tributarias regresivas que tienen como eje central el aumento del IVA (Impuesto al Valor Agregado), como la última hecha por Duque que comprendió un gran número de gabelas tributarias o regalos a las empresas, por ejemplo: laboratorios y farmacéuticas. Que van a causar un gran déficit fiscal en el 2021 de aproximadamente 14 billones de pesos.

Uno de estos instrumentos aplicados a raja de tabla en la economía colombiana fue la liberación del comercio exterior, con el supuesto o teoría de la ventaja comparativa de David Ricardo, una teoría de Siglo XIX y de Samuelson de mitad de Siglo XX.

Que explica en resumen que los países se deberían especializar en los productos que fueran más fácil de producir y más económicos.

Venderlos en el exterior donde se podía decir que hay una demanda ilimitada para estos productos y con los recursos obtenidos comprar los productos que no se produce en el país, esto en teoría, aumentaría el bienestar de la población, mostrado un comercio internacional donde todo el mundo gana.

Cuando de manera empírica se ha demostrado:

- Que la demanda es limitada.

- Que el comercio internacional es una guerra donde hay ganadores y perdedores, como se va demostrar en el presente escrito, Colombia es perdedora.

Con esta teoría, Colombia redujo sus aranceles de 40% en promedio a un 5%, no protegió su tejido industrial y este se disminuyó.

Colombia se especializó en producir commodities (petróleo, carbón, frutas tropicales y demás materias primas) que es lo más fácil y barato, con los recursos de esto se compran los otros bienes que no se producen. Y ocurrió la maldición de los commodities en la economía colombiana.

Se buscaron los beneficios de la ventaja comparativa desde un punto de vista del bienestar, por tener bienes más baratos, con este argumento se firmaron decenas de TLC leoninos para la economía y la industria colombiana con países más industrializados.

Con mejores ventajas de ubicación (mejores carreteras, mejor talento humano, más i+d) que nuestra industria, que no podían competir sin una protección por un tiempo y propiciando una curva de aprendizaje, muchos sectores industriales desaparecieron, igual que el trabajo formal, aumentando aún más la informalidad, que está alrededor del 51% en nuestro país.

Especializados en productos tropicales que en el mercado internacional no tienen demanda, además tiene mucha oferta de otros países. Debemos sembrar cereales y cultivos templados que son los que tienen mayor demanda mundial y con TLC donde la parte agrícola de esos países tengan muchos subsidios, mejor infraestructura, tecnología e i+d que hace la diferencia.

Eso creó un déficit en cuenta corriente manifestada en la balanza de pago, que fue, en parte, por lo que Colombia en 1999 entró en su peor recesión económica hasta el momento.

En la década de 2000, a mediados de esta, ayudados por los elevados precios del petróleo y por una gran inversión extranjera directa motivada por los precios de petróleo y carbón que alcanzaron un máximo de 150 dólares por barril de petróleo en esta década. Por las remesas internacionales, Colombia pudo financiar este déficit en cuenta corriente, experimentando un crecimiento económico en promedio de 3,5% durante 10 años y aumentando el poder adquisitivo de sus habitantes por los bajos precios de los bienes importados, mejorando el nivel de vida de la población.

Pero esto desencadenó un mal peor:

1) La Enfermedad Holandesa que se dio entre 2003 – 2014, donde gracias al aumento de los precios de commodities, en especial petróleo, y la entrada de inversión extranjera directa e indirecta se generó esta enfermedad.

Además, en la economía mundial se estaba dando tasas de interés cero por la relajación cuantitativa, en parte a través de emisión de los bancos centrales de Estados Unidos en el 2009 y después de la Unión Europea en 2013.

Estos dos hechos generaron las siguientes consecuencias:

1) Con la Enfermedad Holandesa la moneda se revalúa, lo que ocasionó que los productos industriales y manufactureros de Colombia se vuelvan más costosos en el exterior y no sean competitivos, por lo que causa un aumento de déficit de cuenta corriente, pero este se contiene gracias a las exportaciones de petróleo, su precio y las inversiones extranjeras.

Muchas empresas se quiebran, además pierden posición en el mercado local, disminuyen ventas a causa de los productos importados, desapareciendo el aparato productivo y los encadenamientos productivos.

Ocasionando que entre el 30% y 50% de las exportaciones colombianas sean de petróleo y sus derivados actualmente. Y que aporten entre 40 y 60 billones de pesos al presupuesto nacional, que representa aproximadamente el 9% de este.

También tiene otra consecuencia, la industrial minero- energética es intensiva en capital, es decir, en maquinaria y equipos para la producción, no genera puestos de trabajo y acaba con la industria que es la mayor generación de trabajo formal, incrementando la informalidad que comenzó en 1991 con la aplicación del Consenso de Washington, que plantea lo siguiente:

"Las empresas necesitan ser eficientes para competir con el mercado internacional, para ello requieren el abaratamiento del costo del uso de la mano de obra, por lo que la reforma al mercado laboral constituye el tercer punto de la propuesta; se argumenta que hay una excesiva regulación de este mercado tanto en la contratación como con el despido en sector formal; Así como los altos costos de la nómina por causa de la pensiones, cobertura social y sanitaria, han desincentivado la contratación del sector formal.

Esa reforma se basa en la eliminación de un gran número de requisitos para la contratación y el despido, esto trae como consecuencia el aumento de la forma de contratación temporal y a tiempo parcial, la reducción de las contribuciones sociales obligatorias de la empresa, y el abaratamiento del despido". Generando la gran informalidad que se tiene hoy en día y nos está afectando gravemente en esta pandemia.

Porque se tiene la idea que la única manera de ser competitivo en el mercado internacional es bajar la renta del factor trabajo y sus condiciones, esto se logra a través de innumerables reformas y las que faltan por parte del gobierno de Duque.

Aumentar la renta de capital generando más desigualdad y un mayor coeficiente Gini, con la idea de que bajando los costos del trabajo y la disminución de los derechos se logra un aumento en el empleo, se ha demostrado empíricamente que esto no es verdad.

Lo que se necesita es brindarles a las industrias ventajas especificación de ubicación, infraestructura física (carreteras, puertos, entre otros) servicios públicos, capital humano e i+d. Que hace que las empresas se instalen en los territorios y generen puestos de trabajo formales, porque con estas condiciones en estos territorios se generan utilidades.

Con la disminución de salarios y derechos laborales las ganancias que obtienen los empresarios en vez de reinvertirlas en el país para aumentar la competitividad y el empleo formal, se reparten como utilidades.

Con estos ingresos que generó el petróleo en vez de ahorros para afrontar crisis futuras, como la de esta pandemia, se empezó a realizar muchas reformas fiscales (nos convertimos en una

Venezuela), con el objetivo de bajar impuestos (renta, patrimonio y utilidades) a las empresas y bancos, para que supuestamente inviertan más en el país y generen más empleo, pero la realidad es como se explicó en el párrafo anterior, se vuelven utilidades que no se reinvierten.

Esos ingresos tributarios fueron reemplazados por los ingresos generados por el petróleo que estaba a 150 dólares el barril, cuando su precio estuvo en lo más alto. Pensaron que esto siempre iba tener la misma tendencia, cuando se sabe que estos precios son ocasionados de manera exógena y que lo normal que es que los precios bajen, se equilibren y esto se da cuando los ingresos marginales son iguales a los costos marginales, que fue lo que pasó después de 2015.

Aumentando el déficit interno por menor recaudo tributario, esto se financia a través de deuda pública. Lo que nos tiene con este estrecho margen fiscal actualmente en estos momentos de necesidad.

Estas reformas tributarias regresivas volvieron a Colombia en un país más desigual, afectando duramente a las clases media y pobre, con una mayor tasa de IVA, violando la Constitución de

1991, en la cual se dictamina que los impuestos deben ser justos y progresivos, que la principal función del gasto público es el cumplimiento de los derechos fundamentales de salud, educación, pensiones y las políticas sociales.

Así, la política fiscal se erigió como el principal mecanismo de reducción de las desigualdades sociales, que no se cumple por el dictamen del Consenso de Washington que dice: *"Otra parte de la reforma del estado es aumentar de los ingresos, por lo que hay que hacer una reestructuración del sistema impositivo haciendo énfasis en el aumento del porcentaje que se cobra al impuesto de ventas, por su poder recaudatorio, su automatismo y su neutralidad en la distribución de los ingresos se convierte en la pieza clave del nuevo sistema impositivo. Los impuestos indirectos suelen ocupar un lugar secundario por su incentivo al fraude y su menor poder recaudatorio y su desincentivo a la inversión".*

2) Con la relajación cuantitativa lo que hizo Estado Unidos en el 2008 fue disminuir su déficit en cuenta corriente, devaluando su moneda, también aumentando su déficit fiscal para compensar esto. Volviendo sus bienes más

competitivos, disminuyendo su déficit cuenta corriente, aumentando el déficit externo para la Unión Europea, con esto Estados Unidos tenía sus tasas de interés en cero o negativas, generando una reactivación económica.

Lo mismo hizo la Unión Europea, pero esta vez trajo un desequilibrio externo para los países suramericanos en déficit de cuenta corriente que generó un déficit fiscal a todos los países incluido Colombia.

Después de 2015, cuando empezó a disminuir el precio de los commodities, en especial del petróleo y carbón, estos precios empezaron a regresar a su estado normal de equilibrio, cuando el ingreso marginal = costo marginal.

Entonces, comenzaron los problemas para la economía colombiana, empezó el aumento del déficit cuenta corriente (importamos más de lo que exportamos), por lo que la exportación disminuida de petróleo y su precio, y la inversión extranjera directa e indirecta, lo que nos complicaba el financiamiento externo y también el financiamiento interno del Estado por las reformas fiscales regresivas que hicimos, reemplazando los ingresos tributarios por ingresos de petróleo que disminuían, aumentado déficit interno (déficit fiscal) disminuyendo el crecimiento y aumentando el desempleo formal.

Para corregir esto se aplicó lo que dicen los manuales de libros texto de la ortodoxia económica, se generó una devaluación masiva excesiva de casi el 50%, cuando se tenía que hacer moderadamente. Asimismo, lograr que los precios de nuestros productos sean más competitivos en el extranjero y esto contribuye a disminuir el déficit en cuenta corriente (aumentar las exportaciones y disminuir las importaciones).

Disminuir las importaciones porque sus precios son más altos, pero no se tuvo en cuenta que en Colombia desde 1991, prácticamente había desaparecido el encadenamiento productivo y que con la Enfermedad Holandesa de 2003 se terminó de rematar la industria.

Que gran parte de la materia prima, bienes intermedios y componentes para la fabricación de los productos colombianos vienen del exterior, lo que afectó la cadena de costo de las empresas, por lo tanto, los precios del producto colombiano no disminuyeron y no se volvieron más competitivos.

Luego, como eso iba a generar una tendencia inflacionista al modelo de inflación objetiva se le aumentó la tasa de interés, afectando el consumo y la demanda agregada.

Para reemplazar los ingresos perdidos de la nación, por la baja del precio del petróleo, se realizó la reforma tributaria regresiva que afectó aún más el consumo y la demanda agregada.

Y de paso están las devaluaciones masivas afectando la inversión, deprimiendo aún más la demanda agregada. La financiación con TES aumenta la tasa de interés y disminuye los agregados monetarios, cortando la liquidez al mercado, generando en este periodo un crecimiento muy bajo, en promedio 2%.

Generando los déficits gemelos, que son un desequilibrio en cuenta corriente y déficit fiscal de alrededor de 4%, que supuestamente no puede desaparecer porque en la metodología ortodoxa los medios son menores a los problemas a solucionar. Las formas para solucionar los problemas son de dos tipos:

Bajar o disminuir la tasa de interés y la devaluación masiva, para mantener la inflación objetiva, la tasa de cambio flotante y el libre movimiento de los capitales. Después que las devaluaciones masivas fracasaran, al igual que el aumento de la tasa de interés.

Se disminuyó la tasa de interés al 4,3%, lo que motivó el consumo más que todo de productos importación, disminuyendo el PIB= consumo + inversión + gasto público (e= exportaciones-m= importaciones) disminuyendo el PIB y el empleo.

Pero la tendencia de crecimiento muy bajo cambió cuando transformaron la manera de medir el PIB, entrando nuevos sectores donde los deflactores no están claros ni las tendencias históricas.

Esto desde 2018, por esta nueva metodología más el aumento de las remesas, la economía creció un 3,3% en el 2019, pero se puede decir que este crecimiento económico es un falso positivo, porque si se tomamos los sectores tradicionales: industria, construcción, minero-energético y agricultura, en promedio la economía colombiana creció entre 0,5% y 0,9%, esto se demuestra también con una tasa desempleo 2019 en promedio 10% y en febrero de 2020 12%, sin efecto Sars-covid 19.

Entrando ya al 2020 con crecimiento en promedio de 1% en el 2019, de los cuatro sectores tradicionales (industrial, construcción, minería y agricultura), con un 10% en promedio de desempleo y con una informalidad de empleo de más de 50%, con un déficit en promedio en cuenta corriente de 4,5 y otro déficit fiscal de 3%, la economía colombiana se encontraba a comienzo de 2020 en una situación desesperada, a punto de una recesión.

Con una desaceleración de la economía china agravada por el comienzo de la pandemia que hizo que aumentara esa desaceleración y una disminución de la demanda de commodities.

Con una guerra del precio del petróleo entre Arabia Saudita y Rusia que bajó los precios a su estado natural, con un exceso de oferta para casi dos años con un precio en promedio por barril cercano a los 20 dólares, terminó de posicionar a la economía Colombia en cuidados intensivos, además de la cuarentena en Europa, Estado Unidos disminuyó el consumo de materias primas afectando el déficit en cuenta corriente.

CAPÍTULO SEIS. CRÓNICA DE UNA RECESIÓN ANUNCIADA DE LA ECONOMÍA COLOMBIANA (SEGUNDA PARTE)

La cuarentena impactó la oferta de manera mundial que afecta también a Colombia, que después se traslada a un impacto en la demanda como ocurrió en el siglo XIX.

Donde hay demanda por un bien, pero no se tenía como producir suficiente y que se calcula que por la cuarentena el PIB va a tener una disminución de -1,8 a -4,0% según la CEPAL en América Latina y el Caribe. En Colombia se estableció la cuarentena porque es la única manera de disminuir los contagios y la mortalidad, para no agotar un sistema de salud mediocremente manejado por particulares.

Por cada mes de cuarentena se calcula una disminución de 10% del PIB según Fedesarrollo, se estima que se llegará a la normalidad en la vida de las personas y en la economía en aproximadamente en 18 meses, cuando se tenga la vacuna. Por lo que la cuarentena va a ser parte de nuestras vidas por estos meses, algunas veces aislamientos más estrictos otras veces más suaves.

En estos momentos hay que olvidarse de la ortodoxia económica, de los métodos de baja o aumento de las tasas de interés, las devaluaciones, revaluación y la regla fiscal. Estamos viviendo algo nuevo para nosotros los economistas y para el mundo entero, apenas estamos comprendiendo y analizando lo que está sucediendo para sacar conclusiones y métodos para solucionar la situación actual.

No existe en la teoría económica un método de solución para estas nuevas condiciones, solamente tenemos la teoría de John Maynard Keynes, que se creó en tiempos de la recesión de 1929. Pero esta recesión fue muy diferente a la que tenemos en el mundo por el SAR-COVID-2 o las recesiones de épocas de guerras donde no se producida y fue un golpe fuerte en la oferta y la demanda. Y Colombia, ya entrando en una recesión acentuada por el libre mercado y las externalidades negativas que produce este en terceros y acentuada por el SAR-COVID-2.

La economía es como el motor de un carro que cuando se acaba el aceite se pega y es muy difícil volverlo a arreglar o recuperar, no se puede dejar quebrar a las empresas y las personas porque se pierde el tejido empresarial y las capacidades de talento humano son muy difíciles de recuperar. Y puede generar problemas también en el sector financiero con quiebras masivas, cuando las empresas y las personas no puedan pagar, generando un problema de liquidez. Hay que mantener este tejido empresarial y las capacidades humanas intactas. Estamos en cuarentena, con el carro apagado, cuando pase este periodo debemos tener la capacidad de encender el carro y para esto debe estar en buen estado y así empezar la recuperación.

Por ejemplo, Dinamarca va a financiar el 70% de los salarios de los trabajadores que ganen un máximo de $3.500 dólares, de los sectores más vulnerables para que no se quiebren las empresas ni las personas, ni se genere quiebra masiva de los agentes económicos que son: familias, organizaciones (sector empresarial y sector financiero) y Estado (cuando las familias y las organizaciones no pueden pagar impuestos). Dinamarca tiene una economía parecida en tamaño a la de Perú.

Igualmente está haciendo Australia, va a financiar el 70% de los salarios de sus ciudadanos que ganen hasta $1500 dólares australianos. Inglaterra va a entregar a los ciudadanos hasta el 80% del valor de los salarios que lleguen hasta el $2500 libras esterlinas.

Estados Unidos, a partir de junio, va a condonar todas las deudas financieras y deudas que tengan las empresas relacionadas con insumos, logística, servicios y nóminas, con la condición que sean empresas que no despidan a nadie. Y lo hace a partir de junio, para "obligar" a que las empresas que despidieron en este momento personal lo vuelvan a contratar.

Perú va a pagar a sus ciudadanos el 30% de su salario, que equivale al cambio de soles a pesos, a aquellas personas que ganen hasta $1.700.000 pesos. Alemania y casi toda la Unión Europea está implementando medidas parecidas.

Colombia no se puede quedar en el error (que sería un error histórico), argumentando que no tiene capacidad fiscal para impedir la quiebra masiva de los agentes económicos, esto crearía un círculo vicioso donde el Estado también se quebraría.

En estos momentos tiene que tramitarse con urgencia un préstamo con el Banco República. Para hacer un préstamo se debe llegar a un voto unánime de los codirectores del Banco de la República, para hacer una emisión primaria que permita financiar el Estado. Es como prender el carro de la economía colombiana, que se apagó por lo antes mencionado, y un cable de corriente de otro carro para que encienda, que es lo que haría el Banco de la República.

Para mí no es conveniente el préstamo de $11.000 mil millones de dólares con el FMI por la línea de Precaución y Liquidez (LPL), porque es como un crédito de tesorería a corto plazo, se tiene que devolver entre 6 meses o 2 años, es decir, Colombia no va a tener la capacidad de pagar, afectando más su calificación de riesgo, aumentando más las tasas de interés para su financiación, porque se estima que vamos a estar en condiciones similares por 18 meses.

Es decir, la economía y la sociedad serán a nivel mundial como un acordeón, uno meses sin cuarentena o menos estricta y otros meses con cuarentena total. En esta situación la reactivación económica se va a tardar en conseguir por completo, también hay que tener en cuenta el efecto del precio del petróleo que por los inventarios se puede tardar en recuperar más o menos el mismo tiempo.

Además, mientras escribo esto, Rusia y Arabia Saudita no han llegado a un pacto, se necesita recortar, aproximadamente, 30 millones de barriles para recuperar un precio entre 50 a 60 dólares.

Colombia no tiene los recursos para devolver este dinero al FMI, además no tiene el tiempo necesario para ir cambiando la matriz de exportación, para ir disminuyendo la dependencia de los commodities (más que todo petróleo, derivados y carbón).

Salomón Kalmanovitz calcula que se necesita mínimo el 6% del PIB para lograr esto, es decir 60 billones de pesos. Y apenas se tienen apropiados 1,4% del PIB, que es insuficiente para rescatar las familias (de todos los estratos) porque se olvidó que una gran parte de la población, 39% son clase media, propensa a caer de nuevo en la pobreza, que no tiene ahorros y que vive del día a día. Dentro de sus características están que son independientes la gran mayoría, es decir, trabajan por cuenta de cobro en empresa privadas y públicas (comunicadores sociales, profesores universitarios, publicistas, contadores, medico, entre otros) y a estas personas hay que ayudarlas porque son casi la mitad de país.

Porque los mercados y los sistemas económicos son la población, si las personas se quiebran la economía se quiebra, en estos momentos debería tener el presidente, equipos de trabajo viendo cómo va a ayudar a las familias y a las empresas para aguantar.

Pensando cuales son los medios creativos para hacer llegar estos subsidios a los agentes económicos mientras pasa la crisis, como ejemplo prestarles a los trabajadores públicos. Una idea que se me ocurre es que los pensionados y trabajadores del Estado se les adelante 10 meses de salario para que tengan liquidez y esta entre al mercado. Este adelanto sea a modo de préstamo, se les dé en condiciones favorables, dándole dos años de gracia para que paguen y cuando comiencen a pagar sea tasas 0% de interés.

Se deben bajar las tasas de interés real no las representativas como sucede actualmente, para eso no se puede seguir financiándose con TES, debe hacer operaciones de mercado abierto expansiva comprando TES a corto, mediano y largo plazo para dar liquidez al mercado y baje de manera efectiva la tasa de interés real.

Otorgar los créditos directos a las empresas, para esto se debe tener un equipo de trabajo analizando cada sector, cuáles son las empresas que lo necesitan, mantener salarios como hace Dinamarca, es decir, utilizar el concepto del "helicóptero que reparte dinero", viendo cómo ayudar a los informales, con qué mecanismos, no importa el estrato porque también hay clase media que es informal.

Los municipios, distritos y departamentos prácticamente se han quedado sin recaudo de ingreso corriente de libre destinación, que es el rubro que le permite apropiar e invertir recursos para ayudar en la crisis a las familias y empresas de sus territorios, esta fuente de ingresos prácticamente desapareció y en promedio representa el 40% de su fuente financiación. Esto se debe solucionar a través de préstamos del Banco de la República con los entes territoriales con condiciones de crédito favorables, con tasas de interés cero y dos años de gracia, por montos del 60% de sus presupuestos proyectados en total.

Para que así no se generen despidos masivos de OPS, que en muchos municipios es un gran componente de los ocupados y pueden realizar las inversiones que se necesitan, acomodando sus nuevos planes de desarrollo, sus metas proyecto y producto.

La inflación en realidad tampoco va a tener un aumento muy grande, ya que muchos precios de bienes superiores o suntuarios van a bajar a corto plazo, igualmente los del combustible y los derivados de petróleo van a bajar. A mediano y largo plazo hay que disminuir el déficit en cuenta corriente que es un gran problema que tiene Colombia, no se puede depender de los commodities y sus variaciones en los precios, en particular del petróleo.

Nos tenemos que otra vez industrializar, tenemos que generar barreras no arancelarias que permitan esto por un tiempo, en sectores estratégicos y que el Estado subsidie para permitir la curva de aprendizajes en estos sectores, para que puedan volverse competitivos y cambiar la matriz de exportación. Quitar algunos de estos subsidios y disminuir las barreras cuando se logre la competitividad en esos sectores.

El comercio internacional no es malo ni la globalización, pero cambiando la concepción con la que se maneja en el país.

Esto es una guerra donde tenemos que ser ganadores, tenemos que incentivar los mercados regionales como la Can, donde la competencia sea más pareja en mercados regionales como antes, debemos generar una industria exportadora con base en las ciudades costeras, como Cartagena que facilita este tipo de comercio.

El Gobierno Nacional debe facilitar estas competencias generando las ventajas de ubicación que se necesita, infraestructura física (carreteras, puertos), servicios públicos, capital humano e i+d. El gobierno central debe incentivar el crecimiento en sectores como la construcción y la infraestructura que generen ese dinamismo económico que se necesita, hay que cambiar por un tiempo la tasa de cambio flotante, dejarla fija, dependiendo de la recuperación que se pueda dar en el tercer trimestre de 2021 o comienzo de 2022, para esa época se tiene que realizar una reforma tributaria progresiva que genere los ingresos que se necesitan.

Cambiar la concepción de manejar la política monetaria y fiscal por separado, se necesita manejar de manera conjunta y articulada con la finalidad de buscar crecimiento económico que se convierta en un desarrollo económico.

CAPÍTULO SIETE. EL CHOQUE DE TRENES ENTRE LA POLÍTICA MONETARIA Y FISCAL QUE ACENTÚA LA RECESIÓN EN COLOMBIA

Esta semana se anunciaron dos noticias importantes que van a afectar la economía colombiana y que muestran la incongruencia de como nuestras autoridades económicas se manejan.

Acentuando aún más los problemas de la economía generados por nuestro déficit en cuenta corriente (desequilibrio externo), que obedece a un problema estructural de la economía por nuestra matriz exportadora, la baja de los precios del petrolero y nuestro déficit fiscal (desequilibrio interno). Y el problema generado por SAR-COVID 2019 en nuestra economía, un shock en oferta y demanda, como explique en el capítulo seis.

Esta semana el Banco Emisor anuncio la disminución de los encajes de los depósitos a la vista (cuentas corrientes) de 11% a 8 %, con una disminución de 3% y una disminución de los encajes para los depósitos y exigibilidades a plazos (CDT) de 4,5% a 3,5%, para aumentar la liquidez del sistema financiero entre nueve y diez billones aproximadamente.

Así aumentar la oferta monetaria real M1, también anteriormente anunció la compra de TES y bonos de deuda privada por 10 billones de pesos en una operación de mercado abierto de expansión, de la cuales ha gastado 8 billones de pesos para inyectar más liquidez; con el objetivo de bajar las tasas de interés real de manera más rápida. Ya que la disminución de la tasa de referencia de 4,25% a 3,75% se tardaría en promedio de seis a nueve meses en reflejarse en el mercado, para beneficiar a los agentes económicos, en este caso familias y organizaciones.

Y de esta forma tratar de incentivar el consumo de las familias y la inversión de las organizaciones, aumentando la demanda agregada, dar liquidez al mercado de deuda pública e incentivar a los bancos a prestar dinero.

Como dicen los libros de texto de macroeconomía intermedia, si el banco central compra los TES, aumenta el precio inicial de estos por la mayor demanda y disminuye su tasa de interés, como se aprecia en la siguiente formula:

$i\downarrow = (pFb - \uparrow PIb) / \uparrow pIB$

Como se define la tasa de interés de los bonos donde:

I= tasa de interés de los bonos

pFb=precio final de los bonos

PIb= precio inicial de los bonos

Hasta este momento se nota que el objetivo del Banco de la República era aumentar la liquidez para tratar, según la ortodoxia económica, de disminuir el shock de oferta y demanda de SAR-COVID 2019 y los precios del petróleo.

Pero después vino el anuncio del Ministerio de Hacienda por medio del decreto 562, publicado por el Dapre, expedido por las facultades dadas al presidente por el artículo 215 de la Constitución, para declarar el Estado de Emergencia Económica, Social y Ecológica. Por el cual los intermediarios financieros (bancos) del mercado primario de deuda están obligados a comprar los TDS (Títulos de Solidaridad) hasta el 3% de encaje bancario de depósitos a la vista y el 1% de encaje bancario de depósitos y exigibilidades a plazo.

Se argumenta que la liquidez de todas maneras va a llegar al mercado por el gasto del Estado y va a terminar aumentando la demanda agregada, $Z\uparrow=$ Consumo + Inversión + $\uparrow$Gasto publico + (Exportaciones-importaciones). Pero se olvida de manera intensional que esto va a causar que las tasas de interés real no disminuyan todo el porcentaje que quiere el emisor.

Esto va a tener un efecto rebote que aumentará las tasas de interés de los TES, manteniendo la tasa real casi igual y se demore la transmisión de la rebaja del poco porcentaje de la disminución de la tasa de interés real a los agentes económicos.

Por lo cual, no se va a incentivar el consumo ni la inversión y la demanda agregada tampoco, igualmente se va a motivar a los intermediarios financieros que la mayor liquidez que disponen (gracias a los esfuerzos del banco central) no lleguen a préstamos para aliviar a las familias ni a las empresas, en este momento que se requiere mayor liquidez.

Sino que los bancos lo inviertan en TES, que son más seguros y con tasas de interés más atractivas, cosa distinta hubiera pasado si el Banco de la República (operación de mercado abierto expansivo) hubiera comprado los TDS por los 9 o 10 billones de pesos en promedio, para financiar este al Estado de manera disimulada, para hacerle el quite a la norma (ya que el banco central no puede prestar directamente dinero al gobierno) esto ocasionaría dos ventajas por efecto rebote:

1) Se hubiera disminuido la tasa de interés de los TES, causando una disminución de la tasa de interés real al agente económico. Aumentando la liquidez al mercado y los préstamos a los agentes económicos (familias y empresas) que tanto se necesitan.

2) Si el Banco central comprara los TDS, el costo para el gobierno es cero, porque lo que paga como intereses se lo devuelve el emisor como utilidades.

En este momento necesitamos que la política monetaria y fiscal se complemente, trabajen mancomunadamente. Necesitamos una transformación, dejar de actuar por separado e ir cambiando el paradigma ortodoxo, de cada uno actuar por su lado.

El Estado debe incentivar la industria y la agricultura a largo plazo para aumentar las exportaciones. En mediano plazo, debe hacer una reforma tributaria progresiva. También cambiar el modelo de inflación objetiva y de tasa de cambio flotante, para transformar el panorama actual donde el ahorro es mayor al gasto, mostrando empíricamente que la Ley de Say no se está cumpliendo, en este mundo de tasas de interés de 0%.

Y, por último, quizás el objetivo del gobierno es aumentar las utilidades del sector financiero para protegerlos en este momento de crisis ¿Por eso no se entiende lo que están haciendo?

CAPÍTULO OCHO. COLPENSIONES, EL CALUMNIADO Y ULTRAJADO POR MÁS DE DOS DÉCADAS POR LAS CUATRO HERMANAS

Desde la Ley 100 de 1993 creada por el nefasto gobierno (en lo económico y social) de Gaviria, que fue un vulgar copia y pegue (plagio) del método chileno, si ningún tipo de estudio técnico ni evidencia empírica (idealizado en el libre mercado y su mano invisible) y de sus supuestos beneficios, los cuales eran que con cuentas individuales invertidas en diferentes portafolios, la gran mayoría en fondos pasivos y una mínima parte con fondos activos, se crearon las AFP (Administradoras de Fondos de Pensiones y de Cesantías). Argumentando que funcionaban mejor que el antiguo Seguro Social (hoy Colpensiones) con los siguientes beneficios:

1) Que generan igual o mayor rentabilidad, por consiguiente, la mesada pensional es igual o más alta que la de hoy Colpensiones, antiguo Seguro Social.

2) También se engañó a las personas diciendo que Colpensiones se podía quebrar y que, con las AFP, se podían pensionar más rápido. Pero esto se demostró que no es cierto, si no por el contrario, al crear el régimen de ahorro individual se perjudicó gravemente el sistema de seguridad social de Colombia y a los futuros pensionados en

su bienestar (menos tasa de reemplazo) como se explica a continuación:

Antes de la Ley 100 de 1993 el Sistema de Prima Media colombiano que lo representa hoy Colpensiones, era sostenible porque por cada colombiano pensionado había en promedio 8 a 9 trabajadores formales que estaban cotizando, lo que permitía que con sus aportes se podían cubrir las pensiones si ningún pasivo pensional.

Pero esto cambia cuando:

- Entro en vigor la Ley 100.

- Los trabajadores formales disminuyeron con las reformas al sistema económico y mercado laboral. Se empezó a generar un pasivo pensional, porque muchas personas se pasaron de Colpensiones (antiguo Seguro Social) a las AFP con los argumentos expuestos en párrafos anteriores, quedándose Colpensiones con los pensionados y los fondos privados con lo cotizantes, disminuyendo la proporción en Colpensiones, la cual es actualmente un pensionado por 1,5 cotizantes.

Colpensiones tiene 2.505.274 cotizantes de los cuales 1.397.650 son pensionados, volviéndose insostenible el Sistema de Prima Media con un déficit de aproximadamente 35 billones de pesos que salen del presupuesto nacional. Pero de estos, aproximadamente, 25 billones de pesos pertenecen a regímenes especiales, que no están bien fondeados, ejemplo, rama judicial (magistrados), que hace regresivo el sistema con subsidios a los más ricos, también hay que tener en cuenta que por un tiempo no se permitió afiliaciones nuevas al Régimen de Prima Media.

Este fue el primer perjuicio que se creó al país, con un sistema de seguridad social deficitario que pasó de tener sostenibilidad financiera a ser desprovisto de ella, con cargo al presupuesto nacional que aumentó el déficit fiscal de la nación, que sin efecto SAR-COVID-2 está alrededor de 3,5%.

Una de las mentiras más dichas a los usuarios, un sistema con información deficiente y asimétrica, en donde la mayoría de los agentes económicos, en este caso las familias toman malas decisiones por esa asimetría de información. Siendo esto un mercado imperfecto y un monopolio antinatural, fallando los principios con los que se creó, es que las pensiones iban a ser más altas que las del Régimen de Prima Media. Cuando la realidad demuestra lo contrario, que la mesada pensional (tasa de reemplazo) es de 20% IBL (Ingreso Base de Liquidación).

Es decir, el ingreso de un pensionado de AFP es el 25% de lo que ganaba, mientras en Colpensiones la tasa de reemplazo es entre 65% y 70% de IBL, es decir, en Colpensiones la mesada pensional es en promedio 65% de la media de los ingresos de los últimos 10 años de los salarios de los trabajadores.

Esto lo ha evidenciado la primera generación de pensionados de las AFP, que son 187.522 mil personas pensionados, de los 6.111.720 millones de cotizantes en este régimen, por eso muchas personas, cada vez más, quieren cambiarse al régimen de prima media.

¿Y por qué sucede esta situación? Porque gran parte de la rentabilidad se queda en las manos de las cuatro hermanas que administran el régimen, que son: Porvenir, Protección, Colfondos y Skandia. Que funcionan como un oligopolio creado por el Gobierno, no dejando entrar al mercado a otros fondos nuevos, corredores de renta variables y renta fija nacionales e internacionales.

Para nada funciona como un mercado de competencia perfecta, como se argumentó al momento de su creación, que la competencia brindaría mejores beneficios a sus afiliados, como se explica a continuación:

En las AFP la rentabilidad promedio es de un 7% anual, de los cuales se cobra un 4% en promedio anual (Entre las cuatro hermanas, alguna cobra un poquito más y otra un poquito menos) de comisión de los rendimientos de los ahorros de sus afiliados.

Además del 16% de cotización que realizan sus clientes a esto hay que descontarle los gastos de funcionamiento (1,3 %) y seguro previsional (1,7 %), que son iguales a 3%, más 1,5 % de solidaridad para el adulto mayor.

Esto ocasiona que los rendimientos que produce el sistema de cuenta de ahorro individual, los fondos de pensiones se queden prácticamente con todas las utilidades, mientras en el Régimen de Prima Media las utilidades que son obtenidas por Colpensiones se devuelven a sus clientes, por medio de mayores tasas de reemplazo, como se dijo anteriormente giran alrededor de 65% IBL.

Los fondos privados funcionan como pirámides, en donde sus egresos son más altos que sus ingresos, donde las cotizaciones (pagos) se realizan mucho antes que la prestación de los servicios, que son pago de la mesada pensional que devuelven aproximadamente 25 años después, lo que le permite que con 16.617.248 millones de afiliados las AFP puedan obtener 3,5 billones de utilidades en promedio cada año.

Además, internacionalmente este tipo de fondos, que en esencial son pasivos o fondo indexados, por ejemplo, pueden utilizar el índice S&P500. Normalmente este tipo de fondos cobran entre 0% a 0,45% de comisión, pero la protección que tienen del Estado por medio de las leyes les permite este funcionamiento de tipo cartel, esto hace que de momento este tipo de pirámides funcionen, porque apenas hay un 3,06% de pensionados en su sistema, que equivale a 187.522 personas de los 6.111.720 millones de afiliados, pero entre 30 años esto es muy difícil que suceda.

También tiene el gran riesgo que no sea viable por un desplome del mercado bursátil colombiano y del mundo, como está pasando ahora mismo y que Colpensiones (el patito feo) tenga que salvar a las cuatro hermanas con los recursos de los impuestos de los colombianos y sus cotizantes.

Con esta crisis los fondos de este tipo en el mundo han perdido entre -8% y -16% de rentabilidad, por esto fue que el presidente sacó el Decreto número 558 del 15 de abril, para lanzar un salvavidas a Sarmiento y compañía, dueño (padre) de las cuatro hermanas.

Pasando los 20.000 afiliados con un salario mínimo de $950.657 pesos bajo la modalidad de retiro programado, que para este tipo de ingreso es la modalidad menos rentable y produce más perdidas. Y que supuestamente las AFP cubrirán con un mecanismo especial de pago, que no es claro y una formula igualmente extraña que genera muchas dudas de que los fondos privados asumirán los faltantes.

Después del escándalo nacional el ministro salió diciendo que es un préstamo al Gobierno Nacional y las cuatro hermanas están indignadas, pero esta indignación se produce después de firmado el decreto por el presidente y después del traslado, antes las hermanas estaban calladas.

Asofondos salió diciendo que no lo necesita y la Superintendencia Financiera parece otro

Asofondos, pero pagado por los contribuyentes, salió en defensa de las cuatro hermanas, en realidad el gobierno o mejor dicho los colombianos asumimos sus pérdidas. Esto es lo contradictorio de este gobierno que deja que el motor de la economía se funda, como expliqué en el anterior capítulo.

Por último, las reformas que quiere hacer el Gobierno para acabar con Colpensiones y dejar a todo el universo de afiliados y cotizantes en manos de las cuatro hermanas, con el supuesto que así acaba con el déficit pensional de 35 billones de pesos que está acabando con el presupuesto es mentira; porque si se trasladan 2.505.274 cotizantes que tiene Colpensiones no habrá quien pague las mesadas pensionales del 1.397.650 pensionados de Régimen de Prima Media, haciendo que el déficit aumente aproximadamente en 15 billones de pesos, así que el faltante no sería de 35 billones de pesos sino 50 billones de pesos, que representan el 5% en promedio del PIB. Volviendo insostenible y en vez de bajar el déficit lo aumenta, la única manera de resolver esto y eliminar la regresividad del sistema es:

1) Que Colpensiones maneje las pensiones hasta 4.5 salarios mínimos para aumentar el número de cotizantes, esto cambia la proporción explicada anteriormente.

2) También hay que aumentar el número de trabajadores formales, es decir de los 22 millones de ocupados aproximadamente que tiene el país, 12 millones son informales, es decir, el 54% (no tienen seguridad social); hay que bajar esta proporción a mediano plazo, para también aumentar el número de cotizantes.

3) Que las cuatro hermanas: Porvenir, Protección, Colfondos y Skandia manejen las pensiones de 4,6 salarios mínimos para arriba, a través de cuentas individuales, pero con una reforma que baje su comisión a lo que cobra el mercado 0% y 4,6%. Y que de los aportes de 16% de los cotizantes se disminuyan, sus gastos de administración de las AFP y el % que cobran de seguro.

4) Que los regímenes especiales se acaben, es decir, las personas de esos regímenes empiecen a cotizar en las AFP, menos los militares, que por su profesión no pueden quedarse hasta los 62 años, porque no podrían ejercer esta profesión. Es decir, un sargento primero del Ejército de 61 años, muy

difícilmente puede estar en la selva en un combate, igual que un piloto de un caza. Se conservan los fondos porque sería imposible acabarlos por el poder político y económico que tienen las cuatro hermanas hijas de Sarmiento con diferentes madres, tíos y padrinos poderosos.

CAPÍTULO NUEVE ¿LA PANDEMIA DE COVID-SAR 2 ES EL FIN DE LA GLOBALIZACIÓN O NO?

Este es un tema que me gusta mucho por mi formación académica y porque una parte de mi vida laboral ha estado relacionada con el tema.

Entrando en materia y en relación con el título de este capítulo, las personas siempre han tenido un preconcepto de que la globalización es un fenómeno moderno y muchos piensan que se empezó a desarrollar en los últimos 35 años en promedio.

Lo primero es definir qué es globalización y lo defino como una economía más integrada e interdependiente (cadenas de valor mundiales), este fenómeno se manifiesta en varios factores endógenos que lo caracteriza, que son:

1) Negocios internacionales: que los podemos definir como cualquier transacción comercial (compra y venta de bienes y servicios), privada o gubernamental, entre dos o más países, entre estas operaciones están: las ventas, las inversiones y el transporte. Esto produce flujos transfronterizos de comercio, inversión (flujo de inversión extrajera directa e indirecta), datos, ideas, tecnología y movimiento de personas entre regiones.

2) Cultura: dado que es un fenómeno social con amplias manifestaciones en lo económico (es también una ciencia social) como se explicó en el párrafo anterior, dada que su mayor característica es la interacción social entre individuos de diferentes culturas.

La cultura la podemos definir como el conjunto de normas y reglas específicas, definida como conductas de comportamientos aceptados en una sociedad específica, aprendidas, basadas en actitudes, valores, que los podemos definir como los conceptos que tiene la sociedad de que es bueno o malo (por ejemplo, en la cultura Hispanoamericana los valores cristianos) y creencias que existen en todas las naciones. Estos aspectos generan que haya choques culturales que se suavizan por la adaptación y por la necesidad de hacer comercio internacional, que permite un desarrollo socioeconómico para la sociedad, que es la verdadera motivación para la globalización, es decir, el comercio.

En el fondo todas las sociedades son colectivistas, que es la principal característica del ser humano, la cual le ha permitido sobrevivir, es decir, la asociación de personas para resolver problemas, por ejemplo, cuando el ser humano tenía que cazar para sobrevivir.

3) Político: se caracteriza por la creación de entidades multinacionales y supranacionales, que facilitan a través de instrumentos políticos que ocurra el comercio internacional, por ejemplo, de estas entidades modernas creadas a finales de la década de los 40 y comienzos de los 50, fueron GATT, FMI, Banco Mundial y demás organismos multilaterales bajo el paraguas de la ONU y en las últimas décadas fue creada la OMC en 1995.

Como se explicó anteriormente, el ser humano como sociedad siempre ha tenido la necesidad del comercio para poder sobrevivir y poder obtener productos de otras zonas, porque en el lugar específico donde vive no se encuentran y esto tiene la característica que se realiza de manera colectiva.

Siendo un proceso inherente a la sociedad humana, siempre ha existido el comercio y por ende la globalización, que es el resultado de este, entre los pueblos de diferentes regiones y este proceso tiene una característica principal, que es cíclico, es decir, hay periodos de unas fases activas y unos donde prácticamente no existe, una fase pasiva, por eso hay que dejar el sesgo conceptual que es un fenómeno moderno, como demostraré en la siguiente cronología:

Como se dijo, siempre ha existido la globalización y como ejemplo de esto hay varios periodos de tiempo, pero aquí comenzaremos con el Imperio Romano donde se vivió una fase de expansión (activa) de la globalización, y se relacionaran las características antes mencionadas de la globalización.

1) Hubo relaciones sociales y políticas con individuos de diferentes zonas del imperio, que generaron negocios internacionales, que dieron origen a transacciones comerciales internacionales (compra de bienes y servicios), esto fue facilitado por una red de caminos que permitieron las comunicaciones entre las diferentes regiones del imperio, que comprendía Asia (medio oriente), África y Europa, y vías de navegación que conectaban puertos entre las diferentes regiones. Actualmente eso se logra con aviones, barcos y las nuevas tecnologías de la comunicación.

2) Se crearon entidades políticas del imperio, que se podían llamar supranacionales, con leyes comunes que regían a las poblaciones de las diferentes zonas del imperio (Asia, África y Europa), se tenía una moneda común que facilitaba el comercio, como ahora es el dólar de nuestra época moderna o la libra esterlina de finales de siglo XIX y comienzo de XX, esa época fue el áureo, el denario y el sestercio.

3) Un idioma para el comercio como lo es el inglés en la época moderna, en esa época fue el latín, pero como se dijo en párrafos anteriores la globalización se caracteriza por ser un proceso cíclico donde hay expansiones (fase activa) y recesiones (fase pasiva).

En el imperio Romano comenzó su fase pasiva en el siglo V d. C, cuando prácticamente se acabó el Imperio Romano como se conocía, debido a las invasiones germánicas (factor exógeno) hizo que entrara en una fase pasiva, pero la globalización no desapareció como tal, sino que disminuyó a su mínima expresión.

Y esto se puede observar con el mercantilismo (siglo XVI y mitad de siglo XVIII) que es una forma de globalización con unas características particulares e intrínsecas, donde se da una globalización, con las mismas características parecidas a las de Roma, pero a una menor escala y demás procesos de globalización, pero con una mínima y mediana expresión, para eso colocaremos al Imperio Español de ejemplo, del cual hacía parte Colombia como el Virreinato de la Nueva Granada de esa época.

El imperio español (1492-1898) para nuestro ejemplo, 1500 - 1820, comprendía: parte de Europa, desde Flandes que hoy es Holanda y Bélgica, parte de Italia, España y Portugal, parte del norte de África, gran parte de América y parte de Asia (Filipinas, las Islas Marianas, entre otras), igual que el Imperio Romano se realizaban negocios internacionales entre las poblaciones de los imperios de las diferentes zonas, esto generando relaciones sociales y culturales, comunicaciones entre ellas que se daban por las vías del imperio, las vías marítimas y sus diferentes puertos.

El Imperio Español también comerciaba con otros países, se tenía una lengua de negocios y común, que fue el castellano, también una moneda de comercio común y que era mundial, es decir se utilizaba en todo el mundo como moneda de comercio que era el Real de a 8 y conocido en el mundo anglosajón como dólar español.

La siguiente oleada de globalización activa, al más alto nivel de nuestra época moderna se da en el primer periodo de 1875 a 1914, con características parecidas con los demás ciclos activos y pasivo de esta.

Se tuvo una moneda común de comercio mundial, que facilitó el comercio, que fue la libra esterlina y un idioma global para comerciar que fue el inglés, que es el idioma del Imperio Británico. Este imperio abarcó parte de Asia, parte de América, el Caribe y parte de África. Tenía relaciones comerciales, transacciones comerciales, comunicaciones, flujo de capital, de individuos y conocimiento con los demás países del mundo.

Esto fue facilitado por el telégrafo (el Internet de hoy en comunicaciones), barcos a vapor (los aviones de hoy), donde se vivió un periodo muy activo de la globalización, con una fase importante de comercio internacional que es una de sus principales características. Acompañado por un mayor bienestar para una gran parte de la población mundial.

Pero otra característica que tienen los ciclos de globalización, es que ocurren procesos exógenos, que hacen que pase de una fase activa a una pasiva, en este caso fue la Primera Guerra Mundial (1914 a 1918) y la pandemia de la fiebre española (1918). En nuestro caso la gran recesión 2008 y Sar-Covid 2, que más adelante se explicará. Pero este proceso de fase pasiva de la globalización se extendió hasta finales de la década de los 40, por otros procesos exógenos como la gran depresión 1929 y la segunda guerra mundial 1939-1945.

El segundo periodo de globalización activa o expansión de ciclo se dio a finales de la década de los 40 y comienzos de los 50, cuando se creó la ONU y la demás instituciones multilaterales como el Banco mundial, FMI y GATT, se empezó a dar un aumento de los negocios internacionales y demás características definidas en párrafos anteriores, con una moneda común de comercio como el dólar norteamericano, el desarrollo de las comunicaciones, los teléfonos y de aviones que permitiendo el flujo de comercio y de personas.

El desarrollo de nuevas tecnologías en el transporte marítimo, por ejemplo, como los contenedores (1951) que permitieron una mayor eficiencia en la organización de la carga, lo que permite llevar más mercancía y a un precio menor (economía de escala).

Sin embargo, no fue una fase completamente activa en la globalización, sino parcial como en el Imperio Español porque se creó el bloque soviético y chino, que eran economías de estado, que no permitían esa globalización activa sino pasiva. Sólo entre las repúblicas soviéticas y aliados eran activos.

Y se conformaron dos bloques, uno de economía mixta encabezado por Estados Unidos, parte de Europa y Japón. Otro por la Unión Soviética, China y aliados, que no permitió la integración mundial. En América Latina se dio la industrialización por sustitución de importaciones, para Colombia su época dorada de crecimiento y desarrollo económico, explicado en capítulos anteriores, que es una fase pasiva de la globalización.

Durante el tercer período, desde la década de 1979 hasta la gran recesión, suceso exógeno que empezó a terminar su proceso activo; producido por la crisis financiera desatada por el mercado hipotecario de U.S.A en 2008.

La globalización e integración desde 1979 se volvió a su fase activa, los negocios internacionales se elevaron a una escala mundial. Esto se debió a que China e India se volvieron economías mixtas, los países en desarrollo comenzaron a desmantelar las barreras comerciales, como Colombia (1991) que tuvo la apertura económica que reemplazó la industrialización por sustitución de importaciones.

La Unión Soviética desapareció y sus aliados cambiaron de una economía de estado a una economía mixta y la democracia. Esto se dio a finales de la década de los 80 y comienzo de la década de los noventa.

La aparición de nuevas tecnologías de comunicaciones como el fax, después teléfonos celulares, Internet, banda ancha, 5G... facilitando las transacciones comerciales, es decir los negocios internacionales.

Los nuevos acuerdos comerciales como los TLC y otros, como la Unión Europea facilitando el flujo de comercio, personas y conocimientos, impulsando la integración y condujo a la creación de cadenas de suministro mundiales, cambiando la arquitectura organizacional para administrar estas cadenas mundiales de suministros de las empresas, presentando diferentes modelos con ventajas y desventajas, que SAR-COVID 2 puede hacer desaparecer como se explicará posteriormente. Un ejemplo de la arquitectura organizacional de las multinacionales antes la pandemia:

- Diferenciación vertical, centralización y descentralización
- Diferenciación horizontal que puede ser:

  o Estructura de empresa doméstica
  o División internacional
  o Estructura mundial por área
  o Estructura mundial por división de producto
  o Estructural mundial matricial

Y presentado diferentes mecanismos de integración, coordinación de las cadenas mundiales de suministro como son:

- Mecanismos formales de integración
- Mecanismos informales de integración

En esta fase activa de globalización parece haber alcanzado su fase de expansión en 2008, cuando empezó a disminuir por la gran recesión y comenzó una fase de transición de la etapa activa a la etapa pasiva, que sería la cuarta fase después de 2011, esto se ve evidenciado por una disminución de los negocios internacionales y el aplanamiento de las cadenas de valor mundiales.

China empezó una reforma para buscar un crecimiento endógeno en la presidencia de Xi Jinping, la iniciativa "Made in China 2025".

El presidente Donald Trump, de Estados Unidos creó una política de "Estados Unidos Primero", alejándose de la liberalización comercial (retirándose de la Asociación Transpacífica) y avanzando hacia el proteccionismo. Comenzando una fase pasiva de la globalización, desarrollo de barreras arancelarias y no arancelarias. Estados Unidos también inició una guerra comercial con China, por sus prácticas comerciales desleales, reduciendo significativamente el comercio bilateral.

Las tensiones entre Estados Unidos y China han debilitado su relación, en lo que algunos llaman un "desacoplamiento" entre las dos economías más grandes del mundo. Estos hechos comenzaron una fase pasiva de la globalización y, para terminar, se dio un hecho exógeno que cambio el panorama, la pandemia de SAR-COVID

2 que estamos actualmente viviendo, enfrentándonos con unas cadenas de suministros frágiles que ha producido un corte en estas, en las siguientes maneras:

1. Cambio de consumo de los agentes económicos, aumentan ventas de bienes inferiores y normales (alimentos y productos de salud), mientras que las ventas de manufacturas, carros, prendas de vestir, es decir, bienes superiores y suntuarios prácticamente disminuyó o desapareció, así como la compra de servicios (ocio y esparcimiento).
2. Disminuye la mano de obra (labores agropecuarias y logísticas).
3. Bajan las operaciones de negocios internacionales y locales (comercio, puertos y aviación).

A nivel mundial, las empresas están desarrollando diferentes formas de organizarse para sobrevivir y disminuyendo sus cadenas globales de valor, volviendo a estas cadenas de valor locales o regionales, integrándolas en una sola zona, para que los eventos exógenos, como los cisnes negros no las afecten. Cambiando su arquitectura organizacional mencionada arriba, ejemplo de esto: renegociación con proveedores y clientes, diversificación de productos, desarrollo de proveedores locales de cadenas de valor locales o regionales. La pandemia ha evidenciado los fallos de la cadena de valor, esto ha afectado la integración y comercio, entrando en la fase pasiva de la globalización. Las cadenas de valor que tienen como objetivo minimizar costos y con poca flexibilidad internacionalmente van a desaparecer.

La pandemia ha dejado la globalización en la entrada de una fase pasiva como los otros choques exógenos anteriores, la invasión germánica que acabó con el Imperio Romano y dejó la globalización en una fase pasiva; o la Primera Guerra Mundial que también terminó el ciclo activo y lo dejó en un ciclo pasivo. Esto lo muestran las predicciones de la OMC para el comercio internacional, para el 2020 que va a disminuir entre el 13% y 20%, pero hay que tener en cuenta que este no es el fin de la globalización, sino el comienzo de una fase pasiva, porque la globalización es cíclica, tiene dos fases una activa y otra pasiva. Es uno de los aspectos de la sociedad humana, el fin de esta seria también el de la humanidad

Posdata: tampoco existe una economía 100% autarquía, la única que se parece es Corea del Norte y tiene comercio internacional con China y algo con Rusia.

CAPÍTULO DIEZ. LA HISTÉRESIS ECONÓMICA COLOMBIANA CAUSADA POR SHOCK DE DEMANDA, LA MEZQUINDAD DEL GOBIERNO Y LA INDOLENCIA DE LOS GREMIOS ECONÓMICOS

112

La Histéresis Económica es un fenómeno de la economía en donde una situación de alta tasa de desempleo producida normalmente por un shock en la demanda (causando un recesión económica) se posterga en el tiempo, pese a comenzar una recuperación; independiente de la forma que esta tenga (v, u, L), esto se da porque las organizaciones para sobrevivir en el tiempo, que es su objetivo final (se logra aumentando las ventas, esto ocasiona que aumenten los ingresos y las utilidades) cuando hay una recesión tratan de disminuir los costos y la forma más fácil es despidiendo personal para tratar de sobrevivir, adaptar su cadena de valor y su producción de la manera más eficiente para producir con menos empleados (trabajadores que son menos eficientes), una vez empieza el camino de la recuperación no tiene la motivación de contratar a más personal, ocasionado el fenómeno económico de título de este capítulo y esto es lo que va a ocurrir en el mercado laboral colombiano, si continua la tendencia hasta el momento.

Como explico en los capítulos cinco y seis, la economía colombiana ha mostrado alarmantes señales de debilidad en los últimos 10 años, al contrario de lo que diga nuestro Ministro de

Hacienda, si analizamos las variables macroeconómicas agregadas:

- Con una tasa de desempleo en promedio de 10% en el 2019 y con un déficit en cuenta corriente de 4,3% con respecto al PIB en el 2019.

- Con un déficit fiscal de 2,3% en promedio con respecto al PIB para el 2019, gracias a que nuestro ministro es un "mago creativo" de las finanzas públicas, incorporando como ICL (Ingresos Corrientes de Libre Destinación) los dividendos extraordinarios de Ecopetrol de 6,3 billones en diciembre (ingreso de capital) y en un concejo de gobierno extraordinario borró los $3,1 billones de pesos de gasto de gobierno, logrando así un superávit primario, entre otras medidas, que las calificadoras de riesgo no le creyeron la mentira.

- Y un crecimiento de 3,3% para el 2019, pero si se analizan los sectores importantes de la economía como: industria, minería, construcción y agricultura, este no llega ni 0,5% del crecimiento del PIB para el 2019.

Esto se debe a que seguimos con la misma tendencia anterior de superávit primario, en la que tenemos un Ministro de Hacienda que además de ser economista es mago y cambió la metodología de como se mide el PIB. Entrando en nuevos sectores en donde no se tiene la serie de tiempo clara ni los deflactores bien definidos, lo que hizo que nuestro PIB aumente tanto y además con sectores como los financieros creció, pero que en realidad no es un crecimiento real de la economía.

A demás, una matriz económica donde predominan los commodities (petróleo y el carbón), con bajos precios internacionales antes del efecto SAR-COVID 2 (disputa Rusia y Arabia Saudita) estas explotaciones de materias primas son intensivas en capital y no generan los empleos suficientes que la economía colombiana necesita, continuando con la maldición de los commodities.

De la misma manera que lo hizo Venezuela en las décadas de los 80 y 90. Y tanto que nos burlamos del hermano país, estamos igual que ellos en esa época, con un desarrollo industrial y agrícola inexistente gracias a las ventajas comparativas de David Ricardo y Samuelson, y vamos con la misma tendencia en lo económico, que los tiene a ellos actualmente sin industria y un sector agrícola pequeño.

Este año -oficialmente- vamos a entrar en una recesión para el tercer trimestre, si hablamos técnicamente.

Según proyecciones del Banco de la República, la economía puede decrecer entre -5% y -7%, una proyección parecida en este mismo rango dio Fedesarrollo, algunos analistas más negativos dicen que puede estar entre el rango de -10% y-13% el decrecimiento de la economía colombiana; para el 2020 este es el rango que pienso en el que puede estar según mi predicción, con una recuperación en forma de L, que se puede dar en el último trimestre de 2021, pero todavía la situación es muy incierta.

Pero los datos de las variables agregadas, como el PIB, empleo, la balanza de pago, están mostrando una situación muy crítica, en marzo de 2020 la economía tuvo un decrecimiento de -4,9%, siendo en las dos últimas semanas donde se sintió el efecto de la pandemia en el PIB.

El primer trimestre de 2020 dejó un crecimiento de 1,1%, en los sectores más afectados por el precio de petróleo y el Sar -Covid 2, los cuales fueron:

- La construcción, un sector intensivo en mano de obra, el cual decreció un -9%, pero venia mal desde 2019.

- Las actividades artísticas, sector nuevo -con interrogante de su medición- que decreció en un- 3,2%.

- La industria manufactura, la cual decreció en un - 0,6%, que es intensiva en mano de obra.

- Las exportaciones disminuyeron en un -8,1%, en una proporción mayor a las importaciones que fueron de -5,3%, como lo muestra esta tendencia este año fácilmente el déficit en cuenta corriente puede llegar al 6% del PIB.

Y con el déficit fiscal que puede estar en 6,1%, según la regla fiscal seguimos con los déficits gemelos. Esto nos demuestra que nuestro crecimiento en estos últimos dos años es débil.

Se debe más que todo al endeudamiento y a una economía informal, que es lo que ha hecho que crezca, pero por los efectos de la pandemia está eliminando este crecimiento informal. La economía colombiana tiene un gran componente de informalidad, al que nos hemos acostumbrado.

Toda esta tendencia tiene consecuencias en el mercado laboral y esto se ve en la información entregada por el DANE para el trimestre móvil enero- marzo de 2020.

Con una tasa de desempleo que fue de 12,6 %, aumentando en 1,8% con respecto a marzo de 2019 y un aumento en valores absolutos de 1,5 millones de desempleados. Pero si analizamos las otras variables de empleo, la tasa desempleo en realidad puede estar alrededor del 17%.

	VARIACIÓN ABSOLUTA (MARZO 2019-2020)	VARIACIÓN % (MARZO 2019-2020)
OCUPADOS	1.583 MILLONES DE PERSONAS	-7,20%
DESOCUPADO	287 MIL PERSONAS	10,70%
INACTIVOS	1.792 MILLONES DE PERSONAS	12,40%
	VARIACIÓN ABSOLUTA (MARZO 2019-2020)	VARIACIÓN % (MARZO 2019-2020)
OCUPADOS	1.583 MILLONES DE PERSONAS	-7,20%
DESOCUPADO	287 MIL PERSONAS	10,70%
INACTIVOS	1.792 MILLONES DE PERSONAS	12,40%

Elaboración propia con datos DANE

Como se analiza en la tabla, la tasa de desempleo no recoge todo el panorama del mercado laboral, nos mostraría todo el panorama si analizamos todas las otras variables.

Esta radiografía es muy preocupante, en gran parte por el efecto de la pandemia y las debilidades que traiga a nuestra economía.

La tasa de ocupados disminuyó en un -7,2% para el mes de marzo 2020, es decir, menos personas están trabajando, igualmente subió la tasa de desocupados en un 10,70% para el mismo periodo de referencia; esto hizo que aumentara la tasa de inactivos en 12,4%, es decir, muchas personas perdieron el empleo, pero por la cuarentena no buscaron trabajo o no están motivados, esto hace que en realidad la tasa desempleo gire alrededor de un 17%.

Esto traerá como consecuencia que en el segundo trimestre de 2020 el desempleo sea peor, según proyecciones de Fedesarrollo la tasa de desempleo puede llegar a un 20% a final del año. En mis propias proyecciones, calculo que puede ser de alrededor de un 25%.

Con una tasa de informalidad nacional para el trimestre móvil diciembre 2019-febrero 2020 de 47,9% con respecto a la ocupación.

Mostrando primero, las débiles bases de crecimiento que tiene la economía colombiana, que tiene como sustento la informalidad y el endeudamiento, el cual no es sostenible en el largo plazo, como está pasando y esto es lo que está afectando al mercado laboral.

Que se caracteriza por tener fuertes tasas de desempleo e informalidad, en estos últimos años y ahora más agravado por la pandemia que afecta mayormente a los informales e independientes, que son el 40%, la nueva clase social de Colombia -los vulnerables-, lo que muchos analistas sabían pero que a penas el gobierno se dio cuenta ahora.

Los independientes vulnerables que tienen la economía colombiana, que no son pobres, pero tampoco pertenecen a la clase media, son la clase sándwich, que no califica para ayudas según la metodología de la medición de DANE, un criterio sesgado que no es verdad, creado en el gobierno de Santos para disminuir la pobreza, quien puede vivir para satisfacer sus necesidades básicas con

250 mil pesos no está dentro de la línea de pobreza monetaria.

Estas familias sándwich con ingreso promedio de 450 mil pesos, que está por encima de la línea de pobreza monetaria y que son las personas que van a caer en la pobreza cuando pierdan su empleo informal, la gran mayoría son los que van a aumentar la tasa de pobreza.

Según el informe de la Universidad de los Andes, el 15% de la población colombiana, es decir, unos 7,3 millones de personas en promedio, van a caer en la pobreza, es decir, en la línea de pobreza monetaria, que va a pasar del 27% de la población total de Colombia (dato más actualizado de Dane 2018) a el 42% de la población para el 2020.

Es decir, por la falta de trabajo y perdida de sus ingresos las familias vulnerables de Colombia van a pasar a ser pobres, porque no pueden satisfacer sus necesidades básicas, entrando a la pobreza.

Esto lo ha producido, lo que yo llamo "el crecimiento vulnerable de Colombia" en los últimos 28 años desde el presidente Gaviria, esto lo que va a ocasionar es una alta tasa de desempleo en los próximos años, que muy difícilmente se va a poder corregir; primero porque nuestra recuperación parece ser que se va a dar en forma de L, es decir muy lenta.

A demás, si no se cambia el modelo y se sigue dependiendo de los commodities esto va a traer como consecuencia que se siga teniendo un "crecimiento vulnerable".

Hay que hacer un cambio en el modelo e industrializar la economía, cambiar el modelo neoliberal de libre mercado, por un modelo exportador industrial, es decir, neo industrialización por sustitución de importaciones, adaptados a estos tiempos de globalización pasiva, además esto va a producir una Histéresis Económica por largo tiempo, explicada en párrafos anteriores.

Pero esta Histéresis va a estar profundizada por la mezquindad del Gobierno de la manera siguiente:

Este shock afectó primero a la oferta y después paso a la demanda, donde va a tener su impacto más fuerte y duradero, es decir, las personas van a perder sus puestos de trabajo, por lo tanto, sus ingresos y esto afectando el consumo interno, que es un jalonador de la demanda agregada.

También va a disminuir la inversión de las empresas porque sus ventas van a bajar, por lo tanto, sus ingresos y utilidades; esto trae como consecuencia que las organizaciones disminuyan costos (despidiendo personal) y realizando menos inversiones.

Esto afecta el gasto del Estado, por lo tanto, por el multiplicador de la demanda el PIB va a disminuir más que proporcional PIB=C+I+G (exp-IMP) y es lo que el Estado debe evitar con una política fiscal expansiva, aumentando el gasto anticíclico, dando subsidios a las empresas para el pago de nómina, pero no el 0,6%, que es una ayuda muy mediocre a las organizaciones. Anif y Fedesarrollo calculan que un promedio de la ayuda para pagar la nómina debe estar entre el rango de 1% y 1.2% del PIB de Colombia.

Estas ayudas a mi parecer debían ser del 1% del PIB, que equivale a 10 billones de pesos. Como mínimo como primera fase, dependiendo de cómo siga la cuarentena y la economía, para que el empleo no se pierda ni los ingresos de la organizaciones y familias. Las ayudas deben ser más que focalizadas en las PYME que tienen el 96% del tejido industrial de Colombia y emplean a 17 millones de colombianos, para que sea más efectivo y ayudar las empresas con más subsidios, con una tasa de interés más baja para mantener su flujo de caja.

Pero esto se logra con un política monetaria y fiscal coordinada, es decir, necesitamos emisión del banco central urgente, que este le haga un préstamo al ejecutivo comprando bonos al Banco de la República.

Esta emisión debe ser equivalente al 13% del PIB, que es de $130 billones de pesos para que el gobierno pueda ayudar a todos los agentes económicos, familias, empresas, entes gubernamentales, municipios, departamentos, distritos que están insolventes y que los bancos como Findeter, de segundo piso, por la emergencia se conviertan en bancos de primer piso, prestando dinero directamente a las PYME, necesitamos tener dinero, la estrategia del Dinero Helicóptero que se carga con la gasolina de la relajación cuantitativa del Banco Central, cada minuto que pierde es un gran costo de oportunidad, aumenta la probabilidad de que el motor de la economía se funda.

Si nos comparamos con el vecindario de países latinoamericanos vemos la mezquindad del gobierno, como ejemplo: Perú con ayudas estimadas de 12% de su PIB, Chile con ayudas de 6,64% de su PIB, Brasil con ayudas de 9,5% y Argentina pese a su situación económica con ayudas 5,56% de PIB.

Y las potencias del mundo, Estados Unidos aprobó un plan de ayudas de US$2,3 billones (11% de su PIB), el cual fue complementado con otros US$484.000 millones de ayudas a PYMES y la salud. En total alrededor del 13% de su PIB.

Alemania es uno de los países que ha ido incluso más allá, y su estímulo fiscal se acerca al 28% de su economía, una cifra similar al 26,4% que ha dado Gobierno de Italia. El 21% de Japón, el 18% de Reino Unido.

Este desempleo y recesión, va a desencadenar una Histéresis en la economía por su indolencia, en vez de pedir una mini reforma laboral que va a causar más recesión y desempleo, como expliqué en párrafos anteriores.

Lo gremios deben hacer lobby al Banco de la República y al gobierno para que cedan a hacer una relajación cuantitativa y esta se dé en el marco de una política monetaria y fiscal coordinada, para hacer las ayudas de manera efectiva a sus agremiados, ahora que la tendencia de inflación es baja, como lo demuestran los precios de los commodities, entre otros y no seguir el modelo de escorpión. Esta es la única manera de disminuir el desempleo y no ocurra la Histéresis.

Posdata: pagando por horas la Seguridad Social, como quieren plantear ahora la mini reforma laboral en la emergencia económica, lo que va a traer es informalidad y menos gente se va pensionar y lo que expuse en el capítulo ocho.

CAPÍTULO ONCE. EL ENGAÑO DEL GOBIERNO NACIONAL A LOS COLOMBIANOS SOBRE LAS CIFRAS DE AYUDAS

El presidente de Colombia y su viceministro de Hacienda en diferentes artículos en medios especializados, han dicho las cifras del estímulo que ha entregado el gobierno a los agentes económicos, en este caso solamente organizaciones y familias.

Porque sus ayudas a los entes gubernamentales (departamentos, municipios y distritos) prácticamente han sido nulas, unos pocos decretos casi insignificantes, como, por ejemplo, que los departamentos pueden utilizar toda la sobretasa de ACPM o que pueden utilizar los recursos de destinación específica para financiar la crisis. Pero como pasa con los demás agentes económicos estas ayudas no son suficientes y no sirven para sacar de esta insolvencia a los agentes gubernamentales, que van a tener reducciones de sus ICL (Ingresos Corrientes de Libre destinación), entre los cuales pueden estar ICA, Predial unificado, delineación urbana, para el caso de municipios y distritos; en el caso de departamentos serían los impuestos al vicio: cerveza, licor, cigarrillo, juego de azares. La rebaja en el recaudo de ICL es de más del 60%, casi en una proporción parecida en los recursos del SGP (Sistema General de Participación) y regalías.

Según el Gobierno Nacional los estímulos que han otorgado a los agentes económicos son de la magnitud del 11% del PIB, lo cual es una manipulación de las cifras, una práctica que los gobiernos de Colombia vienen realizando fuertemente en los últimos 30 años, igual que en muchos países del mundo; esto ocasiona que las familias y empresas tomen decisiones equivocadas con base en la información asimétrica.

Violando uno de los preceptos de este modelo económico ortodoxo, que la información sea lo más simétrica posible, es decir, que todos los agentes económicos (familia y empresas) cuenten con la misma información, que esta sea veraz y oportuna para la toma de sus decisiones. La ortodoxia, como tal, es el neoliberalismo, que está en decadencia en las principales economías de mundo, como Estados Unidos, Europa y Japón.

Y es lo primero que se les enseña a los economistas en los cursos básicos de microeconomía, con el modelo de competencia perfecta, el cual es un modelo de economía ideal en un mundo perfecto que no existe, pero en teoría se debería tratar de implementar lo máximo que se pueda en la realidad económica, por tal motivo el Estado legisla para que esto se dé y supuestamente "evitar" los fallos del mercado, que ocasionan externalidades negativas a los agentes económicos, afectando su bienestar.

Pero, de estos modelos ortodoxos salen deformaciones de conceptos, que benefician a algunos pocos y que están enmarcados en la libertad de mercado, en la poca intervención del Estado y en la mano invisible, que como consecuencia produce esta gran concentración de riqueza y desigualdad que hay en el mundo, y en Colombia particularmente con un coeficiente Gini de más 0,5 después de impuestos.

Pero paradójicamente los estados (Colombia es uno de estos) buscan que se pueda aplicar, al máximo, los conceptos de modelo de competencia perfecta en la realidad.

Para esto los países, incluida Colombia, legisla y crea instituciones para hacerlo realidad, pero son ellos mismos (paradójicamente) los que con sus acciones perpetúan el Statu Quo del modelo de competencia imperfecta en las economías de mundo y en la nuestra, creando a través de privatizaciones a los monopolios privados antinaturales. Por ejemplo, el caso de las empresas de servicios públicos que son ineficientes con las asignaciones de recursos, haciendo estas segmentaciones del mercado que producen que aumenten los precios y disminuyan los bienes ofrecidos a los agentes económicos.

El gobierno legisla leyes que impiden que otros participantes entren a los mercados, o que los consumidores puedan salir o cancelar los servicios cuando quieran de las empresas que ofrezcan el bien o servicio, ejemplo de estas situaciones son el mercado de la salud y las pensiones representadas por las EPS y las AFP (fondos de pensiones).

Muchas veces los Estados facilitan que estas organizaciones generen esta información asimétrica, que trae como consecuencia que los agentes económicos (familias y empresas) tomen decisiones erradas, que, como dije, afecta su bienestar.

Un ejemplo de esto se dio en la década de los noventa y hasta hace solo unos años con las AFP, que, con informaciones falsas, tal como que se podían pensionar más jóvenes o con una tasa de reemplazo superior a la de Colpensiones, con esto hicieron que muchos de nuestros familiares mayores se pasaran a estos fondos, disminuyendo sus salarios a un 20% de su IBL (Ingreso Base de Liquidación) afectando su bienestar, es decir, su calidad de vida.

Solo hasta hace unos pocos años han intentado mejorar la información en el mercado pensional, con la doble asesoría a las personas que se quieren a pasar de régimen, corrigiendo parcialmente un fallo de mercado de la Ley 100.

Pero, esta asimetría de la información ha traído grandes beneficios a estos fondos de pensiones, como se explicó en párrafos anteriores.

Este mercado pensional, por las regulaciones del Gobierno Colombiano, es un oligopolio en contravía de lo que el Estado debe buscar para el bienestar de la población. Igual pasa con el sector bancario, es otro modelo de competencia imperfecta, también un oligopolio.

Ahora explicaré por qué esta información que entrega el Estado de Colombiano, sobre las ayudas a familias y organizaciones, de supuestamente el 11% del PIB, es decir, de $117,17 billones de pesos, es una manipulación de los datos; que genera una información asimétrica, que profundiza este mercado imperfecto que es

Colombia, generado por el propio Gobierno, el cual debe evitar que esto ocurra, esta cifra de 11% de PIB está repartida de la siguiente manera:

Estimulo de Gobierno central a los agentes económicos		
Concepto	Valor en billones de pesos	%PIB
Fuente para la atención de la emergencia-FOME	24,80	2,33%
Capacidad de colocación de créditos-FNG	60,20	5,67%
Reducción recaudo impuesto vigencia 2020 por medidas	-2,21%	-0,21%
Aporte FONPET a entidades territoriales (ET)	2,74	0,26%
Mayor desahorro permitido por parte de las ET	1,84	0,17%
Líneas de crédito de redescuento Bancóldex y Findeter	2,42	0,23%
Medidas del Banco de la República – liquidez permanente	23	2,17%
Aportes públicos para reducción de cotizaciones pensionales	1,8	0,17
Total	117,17	11,03%

Elaboración propia con datos de Minhacienda

Si analizamos las anteriores cifras de las ayudas notamos lo siguiente:

1) Las garantías que da el Gobierno no son una ayuda real, porque no es dinero que se entrega a las empresas, son garantías que les dan a los bancos, que si no pagan las empresas el gobierno responde, y después el gobierno les cobra a las empresas, es decir, después las ejecuta. Y eso no cuenta como gasto fiscal, a no ser que las empresas no paguen. Estos créditos son muy difíciles que las empresas los tomen, porque no están produciendo ni pueden endeudarse, en la mayoría de los casos.

Todos los países tienen medidas similares, si estos hicieran la manipulación de información que hace el gobierno colombiano, también aumentarían las cifras de estos países en cuanto a las ayudas en relación con el PIB.

2) La reducción de los impuestos tampoco es una ayuda real en dinero y muchas de estas "reducciones" son un diferido de los impuestos, es decir, les toca pagar más tarde, están aplazando el pago.

3) Las líneas de crédito de Bancóldex y Findeter son créditos que los agentes económicos tienen que pagar, no es dinero que el Gobierno da.

4) Hasta ahora me entero de que la política monetaria expansiva de un banco central es una ayuda del ejecutivo de gobierno central a los agentes económicos, es decir, la política de mercado abierto expansiva del Banco de la República ahora es una política fiscal expansiva del Gobierno de Duque, ahora somos innovadores en la teoría macroeconómica.

5) La reducción de los aportes de pensión no es ninguna ayuda, porque estas semanas no se tienen en cuenta para la pensión en el caso de Colpensiones y las AFP tampoco suman al capital del dinero ahorrado, pero si se tiene que pagar la comisión del 1,3% a estas y el seguro de 1,7%, que en total suma el 3%, entonces ¿Dónde está la ayuda real que no la veo en ninguna parte para las familias?

Si sumamos las ayudas reales que son: FOME y aporte FONPET a entidades territoriales (ET), que es respectivamente de $24,80 billones de pesos + $2,74 billones de pesos, esto es igual a $27,54 billones de pesos que equivale al 2,59% del PIB en ayudas, que no corresponden a los 11% del PIB en ayuda que dice el Gobierno que ha dado.

Si analizamos los recursos que están invirtiendo en ayudas de FOME, como son la ayuda a la nómina de 6,5 billones de pesos en promedio, los auxilios a Familias en Acción de $0,8 billones de pesos en promedio, Jóvenes en Acción por $0,2 billones de pesos en promedio y las devoluciones del IVA a familias pobres por $0,05 billones de pesos, estas cifras parecían muy grandes, pero en total no alcanzan ni el 0,75 % del PIB. La mitad de la prima que va a pagar a las empresas para cuatro millones de trabajadores, es del 0,098 % del PIB. Los $160.000 pesos entregados a 3 millones de hogares pobres, en el programa de "Ingreso Solidario" son en promedio el 0,05 % del PIB, las ayudas correspondientes al segundo y tercer paquete son ridículas con la grave recesión a la que nos enfrentamos.

Esta información asimétrica dada por el Gobierno Nacional causa error en la toma de decisiones de los agentes económicos (familias, empresas y agremiaciones), que piensan que en verdad el Gobierno está dando ayudas por el 11% del PIB, siendo "supuestamente" una de las más altas del vecindario, engañando a los colombianos, haciendo pensar que el Gobierno está haciendo todo lo posible para no permitir que se funda el motor de la economía nacional y que prácticamente ya con todo lo que hecho no queda más margen en la política fiscal.

Por lo tanto, no hay casi presión para que el Gobierno realmente lance un paquete de ayudas más alto y que ponga en acción las nuevas prácticas en política fiscal y monetaria que están realizado las grandes potencias mundiales, si nos comparamos con el vecindario y el mundo notamos que nuestras ayudas son ridículas.

Si analizamos la información que dan los entes multilaterales como el OCDE y el FMI de las ayudas ejecutadas por los gobiernos de mundo, en proporción con su PIB encontramos que Colombia ha sido uno de los países con las ayudas más pequeñas, en proporción al PIB, hasta junio de 2020, según estos organismos los estímulos son de 2,8 % del PIB.

Y si nos comparamos con los países Latinoamericanos encontramos que Perú ha entregado estímulos del 12% del PIB, teniendo un ingreso por habitante menor que Colombia y también una economía más pequeña, para ayudar a su economía a moldear el impacto va a sacar de sus ahorros, de sus reservas internacionales y de préstamos de su banco central.

Chile, también una economía más pequeña que Colombia, ha dado estímulos fiscales en promedio del 6,64% de su PIB.

Brasil ha dado el 9,5% de su PIB, mientras que Argentina, a pesar de la crisis económica que vive, ha dado estímulos del 5,56% de su PIB.

Alemania ha dado un estímulo fiscal que se acerca al 28% del PIB, una cifra similar que ha dado el Gobierno de Italia con ayudas cercanas del 26,4% del PIB. Japón ha dado estímulos del 21% de su PIB, el Reino Unido del 18% del PIB. La Unión Europea como bloque completo ha movido el 4,3% de su PIB para sus miembros y Estados Unidos ha dado ayudas de alrededor del 16% de su PIB.

El Gobierno Nacional está permitiendo que se funda la economía colombiana y que esta recesión económica genere una histéresis en el mercado laboral y en las demás variables agregadas que impulsan el crecimiento. En las crisis de los últimos 30 años las perturbaciones pueden tener efectos permanentes negativos en la producción y pueden ser muy persistentes en toda la economía, es decir, si las fuerzas que impulsan el crecimiento a largo plazo se ven afectadas durante una recesión, quedarán una cicatriz permanente en la económica causado por el ciclo de recesión.

Y el crecimiento económico nunca volverá a ser igual, es decir, el PIB no volverá a su tendencia anterior, creando un estancamiento secular que se ha visto en las últimas tres décadas en el mundo, en los diferentes estudios que se han hecho del PIB y en sus modelaciones explicadas en los diferentes estudios y papers, y se manifiestan fuertemente en el empleo, como lo expliqué en el capítulo anterior.

Los shocks temporales de demanda y en este caso también de oferta pueden producir consecuencias persistentes. La pérdida de empleos puede conducir a la histéresis en el empleo, incluso por las pérdidas de las habilidades de los trabajadores. Aquellos que empiezan a trabajar durante una recesión experimentan salarios más bajos en el tiempo. Si la acumulación de capital humano se destruye, ya sea porque los niños y jóvenes no pueden estudiar por falta de ingresos de las familias, en nuestro caso porque sus padres perdieron el empleo o sus ingresos disminuyeran, o sus familias que hacen parte de la clase vulnerable (clase sándwich) de Colombia pasando a ser pobre, como lo predice el estudio de la Universidad de los Andes, donde se estima que 15% de las familias van a caer en la pobreza.

El aumento de la deuda y la debilidad de la demanda agregada conducen a unas debilidades del sector financiero. También a que aumenten las posibilidades de dificultades financieras y reduzcan la disponibilidad de créditos a las organizaciones para inversión y I + D, afectando el consumo agregado de las familias. Las estimaciones de una demanda agregada débil van a disminuir la inversión de las organizaciones, afectando los ingresos del Estado y sus gastos, generando un PIB inferior al que se tenía antes de la crisis. El ⇧PIB sin crisis= ⇧C+ ⇧I+ ⇧G(exp-imp), ⇩PIB con crisis= ⇩C+ ⇩I+ ⇩G(exp-Imp). Esto genera una histéresis, es decir, una cicatriz permanente en la economía y es probable que el efecto permanezca en la economía colombiana por un largo plazo.

Desde un punto de vista econométrico, los estudios empíricos realizados a los PIB de las naciones que en los últimos 30 años han tenido shock de demanda han causado recesión, como las del sudeste asiático, México, Europa y Estados Unidos en 2008, en sus series temporales de tiempo para calcular el PIB muestran de manera persistente una raíz unitaria; si bien la evidencia empírica sobre las raíces unitarias en el PIB con recesión muestran que tienen efectos permanentes que no decaen, como lo harían si el proceso fuera estacionario. Un proceso de raíz unitaria se caracteriza por tener una variación que depende de t, y que diverge hacia el infinito, es un proceso estocástico lineal, que tiene una raíz unitaria, si el valor de la raíz de la ecuación característica del proceso es igual a 1, por lo tanto, tal proceso no es estacionario.

Y supongamos que se puede escribir como un proceso autorregresivo de orden f: $Yt=a1Yt-1+a2Yt-2+...+afYt-f+Et$. Considere un proceso estocástico en tiempo discreto $(Yt,t=1,....1,\infty)$.

Entonces $(Et,T=0,\infty)$ es una serie no correlacionada, lo que significa un proceso estocástico con media cero y varianza constante $\infty2$ por simplicidad, se supone que $Y0=0$. si $M=1$ es una raíz de la ecuación característica. Entonces el proceso estocástico tiene una raíz unitaria.

Por lo anterior, las economías de los países que han tenido recesiones económicas en los últimos años, no alcanzan el nivel de crecimiento económico que traían anteriormente. Estas consecuencias se notan ya en el presente de Colombia, en los datos de las variables agregadas en el mes de marzo, que tuvimos un decrecimiento del 4,9% y se espera que para el segundo trimestre este sea entre un 10% y 13%. El Banco de la República en su escenario más fuerte calcula que vamos a decrecer un 7%, igual que Fedesarrollo.

Otros analistas, incluyéndome, estimamos que el escenario puede ser más fuerte, Colombia podrá decrecer alrededor de un 10%, este shock de demanda y oferta se siente en el mercado laboral, donde tuvimos para abril una tasa de desempleo de 19,5%, es decir, 1,5 millones de desempleados, una destrucción del empleo de 5,3 millones de empleos que se ven en la Tasa de Ocupación que paso de 22 millones de ocupados a 16,5 millones de ocupados en promedio.

El Gobierno con esta información asimétrica está mostrando algo que no es real, es decir, que los esfuerzos para no permitir que se funda el motor de la economía no son suficientes, que debería el banco central hacer relajación cuantitativa, es decir, hacer una emisión primaria de por lo menos el 13% del PIB y con esta emisión m1 de oferta monetaria hacerle un préstamo al Gobierno, a través de la compra de bonos emitidos por el Estado colombiano, permitiendo una coordinación de política monetaria y fiscal expansiva, una apoyada en la otra. Y con estos recursos aplicar una estrategia de dinero helicóptero para no permitir la quiebra de los agentes económicos (organizaciones, familias y entes gubernamentales) para suavizar el shock de demanda y disminuir la histéresis, ya que, con una demanda agregada débil, unas altas tasas de desempleo, la presión inflacionaria es muy baja, para el mes pasado la inflación objetiva fue de 0,35%, se calcula que esté en el rango de entre 2% y 3% al final de año.

La negativa a dar una verdadera ayuda a los colombianos y el encubrimiento de esto, al no dar las cifras reales tiene un costo de oportunidad muy alto, por no tomar acciones rápidas y heterodoxas como los están haciendo la mayoría de países del mundo. No se entiende por qué la miopía del Gobierno y su Ministro Carrasquilla.

CAPÍTULO DOCE. LAS CUATRO HERMANAS CONTRA DUQUE Y COLPENSIONES

En algunos capítulos de este libro se ha criticado fuertemente al gobierno de Duque en su manejo económico, pero siempre se ha tratado de que sea desde un punto de vista imparcial y objetivo, desde la óptica económica.

Sin olvidar que, como escritos de opinión, siempre hay un sesgo subjetivo del escritor, que se da en muchos casos por su formación, experiencia y forma de ver la vida y entenderla.

Esta vez estoy a favor de Duque y su Ministro de Hacienda cuando trató de hacer el proyecto de decreto de traslado de pensionados para financiar al estado colombiano y Colpensiones y también estoy a favor del proyecto de Ley 050 de 2019 y la ponente de proyecto la senadora María Cristina Soto, por los siguientes motivos:

1) Siguiendo con la idea desarrollada en el último capítulo, este Proyecto de Ley y el decreto fallido que trató de hacer Duque, corregiría un fallo de mercado producido por la Ley 100, cuando por la asimetría de la información se indujo a error a los agentes económicos, en este caso a las familias, es decir, a las personas que se trasladaron a las AFP porque supuestamente se iban a pensionar más

rápido y con una tasa de reemplazo mayor a la de Colpensiones en relación al IBL.

Al pasarse a una AFP las personas afectan su bienestar porque en Colpensiones se pensionan con una tasa de reemplazo en promedio del 65% de IBL, en cambio en las AFP se van a pensionar con salarios de miseria, con una tasa de remplazo en promedio de 25% del IBL, causando una externalidad negativa que afecta el bienestar de la familia colombiana.

2) Con este decreto fallido y este Proyecto de Ley se trata de introducir más características de mercado perfecto a este mercado imperfecto (oligopolio de los cuatros hermanas), si se puede decir, porque permite que con información simétrica las personas de 50 años por un lapso determinado puedan tomar una decisión racional.

Y en este caso puedan mejorar su calidad de vida para la vejez. Esta es una decisión dicotómica, que consiste en si se queda o se pasa de régimen, está opción lo permite el Proyecto de Ley, que en sí es darles una libertad económica a las personas. Este proyecto de ley que va en trámite en el Congreso (y lo que permitía el decreto fallido del gobierno) es introducir más características de mercado perfecto al mercado pensional, permitiendo que las personas puedan entrar o salir con libertad de un mercado, en este caso el pensional, con esto dañándole el oligopolio a las cuatro hermanas.

3) Permite una mejor financiación de la deuda del Estado, por los siguientes motivos:

En promedio la emisión de TES y los créditos internacionales que se han hecho tienen una tasa de interés de 6% efectiva anual, con las desventajas que los créditos internacionales están en dólares. Y con el déficit externo (déficit cuenta corriente) tan grande que tiene Colombia en promedio de 4,3% del PIB y las incertidumbres de los inversionistas ocasionan que el mercado cambiario tienda a ser inestable, ocasionando una devaluación excesiva de nuestra moneda, el peso frente al dólar, causando un alza en la deuda externa en dólares tanto en capital como en interés, trayendo también presiones inflacionarias al mercado colombiano.

También pasar a 350.000 personas en promedio de AFP a Colpensiones, permite que por estos diez años disminuya un poco el déficit fiscal que tiene el régimen de prima media causado por la Ley 100 y la gran informalidad del mercado laboral, que cambió la proporción entre pensionados y cotizantes. Como se explicó en el capítulo ocho.

Anteriormente a la Ley 100, era un pensionado por 9 cotizantes, ahora es un pensionado por dos cotizantes. En promedio en el RMP (Régimen de Prima Media) que es Colpensiones actualmente tiene 6.883.634 afiliados y el RAIS (Régimen de Ahorro Individual con Solidaridad) que son las AFP tiene 16.671.878 afiliados, para un total de 23.555.512 afiliados en el mercado pensional colombiano.

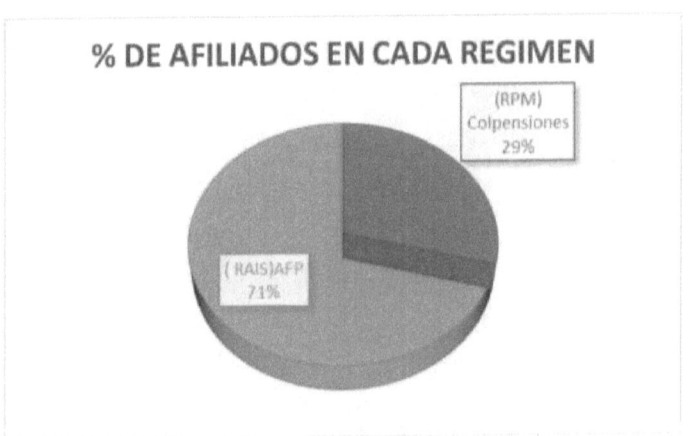

Elaboración propia con datos de Colpensiones

Esta vez hay que reconocer que la administración pensó una idea inteligente que beneficiaba a la población colombiana, por lo siguiente: en la cuenta de Minhacienda está que la economía colombiana tenga un decrecimiento de 5%, para mi estimación va a ser más de 10%, pero todavía el panorama es incierto, lo que va a causar un déficit de 3,2 billones de pesos en Colpensiones.

Que el Estado debe cubrir entre los años 2020 y 2021, con el Proyecto de Ley y el fallido decreto lo estaría cubriendo, actualmente el presupuesto de Colpensiones para pago pensional es de aproximadamente de 29,8 billones de pesos.

Esto le genera al Estado Colombiano 9,95 billones de pesos de déficit, que debe cubrir a cargo del presupuesto nacional, el resto del presupuesto lo financian los cotizantes actuales de Colpensiones que son 2.505.274 de personas.

4) Esta financiación de 30 billones de pesos que genera el traslado de los 350.000 cincuentones en promedio la necesita urgente el estado colombiano para no dejar fundir el motor de la economía y ayudar a los agentes económicos (familia, organizaciones, entes territoriales).

Además, tiene las siguientes ventajas:

A) En promedio la tasa de interés que se va a pagar por el préstamo de dinero de los cincuentones colombianos al Estado es la inflación + la productividad de trabajo, que es mucho menor a lo que está pagando el Gobierno colombiano, como se explicó en párrafos anteriores, además el mundo está entrando a una etapa de deflación y Colombia va a tener por muchos años una inflación objetiva muy baja.

B) Otra ventaja es que se va a financiar en pesos y se va a tener un periodo de 10 años de gracia en el que no se va a pagar el préstamo a los cincuentones futuros pensionados, mejorando el flujo de caja del Estado, permitiendo que la economía mejore para que haya un crecimiento y con este crecimiento se pueda pagar esta deuda, es decir, las pensiones a las personas.

No importa que los cálculos de Asofondos y ANIF, cabildantes de las cuatro hermanas, digan que se tenga que pagar $50 billones de pesos (con los supuestos subsidios que da el Estado) al llevar a valor futuro, pero hagan ustedes el cálculo, llevando a valor futuro los 30 billones pesos con una tasa de interés de 6% anual en promedio, de pronto puede ser un poco mayor a 10 años, más el aumento por la devaluación.

C) De los 350.000 cincuentones futuros pensionados, que se quieran pasar porque les convenga, porque hay casos que de pronto no les alcancen las semanas legales para pensionarse en el RPM, pero si tienen el dinero para pensionarse en el RAIS y es mejor que se queden. También se benefician porque tienen una tasa de reemplazo del 65% de IBL (Ingreso Base de Liquidación), en cambio en las AFP tienen una tasa de reemplazo de 25% de IBL, es decir se pensionan con una mesada pensional más alta en Colpensiones, lo que les da un mejor nivel de vida.

Las cuatro hermanas argumentan que el Proyecto de Ley y el decreto fallido es nacionalizar el ahorro de los colombianos, que afectaría al mercado de capitales y que el gobierno quedaría con una deuda muy grande, pero en realidad les afecta solamente a ellas, porque en un estado social de derecho prima el beneficio común y este caso se beneficia el estado colombiano que obtiene recursos más baratos, con un periodo de gracia y también a cada agente económico colombiano (familia, estado y organizaciones) que van a pagar menos impuestos para financiar la deuda y el Estado va a poder ayudar a más personas, se benefician los cincuentones futuros pensionados y sus familias cuando obtengan una pensión más alta. Se perjudica Sarmiento y compañía, porque van a tener menos recursos para auto prestarse y menos utilidades, ya las cuatro hermanas con su cabildeo poderoso no dejaron que Duque y su Ministro de Hacienda pudieran hacer el decreto, vamos a ver si se sigue perjudicando al país, si van a impedir que la iniciativa parlamentaria siga su curso.

CAPÍTULO TRECE. LAS TEORÍAS DE DESARROLLO ECONÓMICO QUE VOLVIERON MISERABLE EL CAMPO COLOMBIANO

Colombia y muchos países suramericanos en su sector agrícola y en sus poblaciones que viven en sus zonas rurales, todavía sienten las externalidades negativas desde todos los ámbitos socioeconómicos, causadas por las teorías de desarrollo económico creadas a partir de la década de los 50, que condenó a estas poblaciones a vivir en pobreza y en un atraso eterno, que ningún gobierno ha querido solucionar. Esta es una deuda grande que tienen todos los países suramericanos (incluyendo a Colombia) con su población rural.

Para entender esto, vamos a analizar el caso de Colombia y las diferentes teorías de desarrollo, aplicadas desde la década de los 50.

Estas teorías de desarrollo han creado un sesgo negativo en el concepto de lo rural en los dirigentes, en los formuladores de política públicas y en la población del país.

Quedando en la cultura colombiana como un valor negativo lo rural, como sinónimo de atraso y pobreza; los valores son la percepción que tiene una sociedad de lo que es bueno o malo y este caso lo agrario quedó como algo negativo, esto se entiende si se analiza el concepto de cultura, la cual la podemos definir como el conjunto de normas y reglas específicas aprendidas, basadas en actitudes, valores y creencias que existen en toda región. En este caso una percepción negativa de lo rural que lleva más de 69 años en nosotros.

La rama de la economía de desarrollo, se puede decir que inicio formalmente en la década de los cincuenta, pero se debe tener en claro que desde siempre las personas que se ha dedicado a las actividades políticas y económicas se han planteado como alcanzar el desarrollo económico en sus distintas facetas (riqueza, prosperidad material, progreso, crecimiento, etc..) y lo plantean en los diferentes escritos.

Estas teorías de desarrollo económico se empezaron a aplicar a raja de tabla en todos los países suramericanos, buscando el mejoramiento de la calidad de vida de la población, aplicando de manera universal y genérica estos modelos, con métodos que funcionaron en la economía de países desarrollados, pero si tener en cuenta que estas teorías primero fueron aplicadas en diferentes periodos de tiempos en los países europeos, Estados Unidos y Japón, principalmente en el siglo XVIII. También en sociedades con culturas y características socioeconómicas distintas, debido a esto, se dieron las consecuencias de las externalidades negativas, que causan a la sociedad y a la economía de Colombia. Porque no se tomaron la delicadeza de, por lo menos, adaptarlas a las características de los países donde se iban aplicar, en Colombia a principios de la década de los cincuenta, básicamente una sociedad rural.

En esa época se desarrolló la teoría de la Modernización que plantea lo siguiente: que para que los países se desarrollaran tenían que modernizarse, es decir, pasar de sociedades tradicionales a sociedades modernas e industrializadas y para eso tenían que copiar el modelo de los países de Europa occidental y Norteamérica.

Para esto, los países deben comenzar una etapa de industrialización para cambiar de ser una economía agrícola y población rural a ser una economía industrial y una población urbana, también tenemos las teorías de las etapas en el crecimiento de Rostow, mantienen el mismo espíritu que el campo es sinónimo de subdesarrollo y pobreza, plantea lo siguiente: el proceso del crecimiento económico se da a través de unos pasos o fases que deben seguir todos los países que quieren alcanzar un desarrollo económico, dichas fases o etapas son las siguientes:

1) Sociedad tradicional

2) Las condiciones previas de despegue

3) Despegue

4) La marcha de la madurez

5) La etapa de calidad más allá del consumo.

El modelo de dos sectores de Arthur Lewis, premio Nobel de Economía, desarrollado a medianos de la década de los 50 y se convirtió en la teoría general de desarrollo económico de la década de los 60. La idea principal del modelo, era que las economías de los países atrasados tenían que cambiar su estructura, dejar de ser una economía agrícola o una economía donde su principal sector económico fuera el sector primario, y pasar a ser una economía moderna donde sus principales sectores económicos fueran el secundario y el terciario, en virtud de esta transformación pasar de ser un país de una población rural a una urbana.

También tenemos la teoría de las pautas para el desarrollo de Hollis Chenery, la cual plantea que para que un país subdesarrollado pueda alcanzar un desarrollo económico, debe aplicar una serie de pautas o pasos de manera secuencial, de tal forma que esto traiga como consecuencia una transformación en su estructura económica, industrial e institucional, ocasionando que la economía de ese país se desplace del sector primario al sector secundario y este quede como eje principal de la economía.

En todos estos modelos del área de la economía de desarrollo y otros más realizados entre la década de los 50, 60 y 70 tienen en común lo siguiente:

1. Uno de los principales supuestos de estos modelos, era que una de las causas del subdesarrollo – que como consecuencia trae la pobreza de estos países- es que el sector agrario es atrasado, que no es productivo y que causa el subdesarrollo, por lo tanto, hay que hacer una transición, cambiando la estructura económica de los países movilizándola del sector primario al sector secundario y terciario.

2. Las sociedades rurales o agrarias son sociedades primitivas y atrasadas, con comportamientos bárbaros y que utilizan factores de producción con bajo productividad, que genera baja renta en el factor trabajo y poco uso intensivo de capital; también que no genera un ahorro y no permite una inversión en capital, por lo tanto, se debe motivar o propiciar una transición de la población rural a lo urbano. Convirtiéndose en sociedades urbanas, porque las ciudades son los centros de desarrollo económico por su aglomeración, lo que se estudia con la geografía económica o actualmente economía espacial.

Las ciudades son donde se pueden dar los sectores secundarios (industria) y terciario, donde se utilizan los factores de producción de manera eficiente, más intensivos en capital, por lo tanto, la renta de trabajo es mayor, hay más empleo, hay más ahorro, por lo cual, hay mayor inversión en la economía, más que todo en capital y las ciudades. Pero lo que se ha dado, como paradoja, es que el retorno del capital ha superado persistentemente el crecimiento económico, a nivel agregado mundial y en muchos de los países.

Y es como los dueños del capital obtienen mayores ingresos que los trabajadores, como lo expone Thomas Piketty, esto se debe según él, a la alta sustitución entre capital y trabajo (elasticidad de sustitución mayor que 1). Los agentes económicos encuentran altamente rentable reemplazar el trabajo por el capital. Así, los ingresos del capital cada vez son mayores con respecto al promedio. Pero la verdadera causa del aumento de la participación del capital en el producto es el bajo ahorro del capital. Esto lo demuestra el fallo de uno de los postulados de todas estas teorías, que en las ciudades no se aumenta la renta de trabajo sino por el contrario se disminuye a favor de los capitalistas.

Esto se empezó a dar más que todo con la aplicación del modelo neoliberal, impulsado por Margaret Thatcher y Ronald Reagan en los 80's. Esto se trata de solucionar presionando el salario por debajo de la productividad, para aumentar el ahorro y evitar la caída del producto, lo que ocurre actualmente en Colombia y por lo cual nos quieren vender la nueva reforma laboral, que supuestamente aumentará el empleo, pero este tema lo trataré con más profundidad en una nueva publicación. Estos modelos económicos afirman y generan que en las ciudades haya más oportunidades de trabajo, educación, salud, servicios públicos, entre otros.

2. El segundo punto nos lleva a que los gobiernos, por aplicar estas teorías de desarrollo económico en Colombia y en muchos países, empezaron a invertir todos los recursos de inversión en los centros urbanos, mejorando la infraestructura física, carreteras, calles, acueductos, alcantarillados, redes eléctricas, redes de comunicación y transporte; también la educación, aumentando la cobertura y calidad de la educación básica, secundaria y universitaria; así como mejorando hospitales, viviendas, esto le dio a las ciudades mejor recursos humanos capacitados, instalaciones portuarias y aéreas, entre otros, para que con esto las industrias pudieran operar.

Esto les dio a las ciudades, una ventaja de ubicación desde dos puntos de vista: 1) De factores de producción, como se explicó en el párrafo anterior. 2) Las condiciones de demanda.

Lo que hizo que las empresas se instalen y realicen inversiones directas, es decir, comprar una compañía, montar una fábrica, instalar una subsidiaria en las ciudades y no en el campo, como se explicó, le da una ventaja comparativa frente a otras empresas que estén en la zona rural.

Las condiciones de la demanda de las empresas que se instalan en las ciudades son mejores, porque la urbe le da un mercado objetivo más grande y la población tiene mayor poder adquisitivo, es decir, le permite tener un tamaño y crecimiento de la demanda (cantidad de la demanda). Lo cual aumenta las ventas, permite tener mayores ingresos, más utilidades y esto le permite permanecer en el tiempo, que es el objetivo final de las organizaciones.

3. Esto en contravía del desarrollo económico de lo rural y tener presente que el desarrollo económico es integral, como expliqué en el capítulo tres, es decir, se le debe brindar a toda la población de un país y a todas sus zonas, si no se da esto no es desarrollo económico.

Esto causó que en los últimos 69 años en Sudamérica (especialmente en Colombia) no se invirtiese en lo rural, porque todavía se percibe como una pérdida de dinero, porque lo rural se asocia con atraso y pobreza, debido al legado de las teorías económicas aplicadas y enseñadas durante todas estas décadas, que hicieron un cambio cultural en la población colombiana, por lo tanto, en el campo en las primeras décadas de 50, 60, 70 y hasta ahora, pero con una menor proporción, por la falta de inversión de recursos. No se tienen las condiciones de los factores de producción, por lo cual, no había o es muy poca, la infraestructura física (carreteras, calles, acueductos, alcantarillados, redes eléctricas, redes de comunicación y transporte); educación, muy poca cobertura y de muy mala calidad en la educación básica, secundaria y universitaria; hospitales, viviendas, muy pocos recursos humanos capacitados, no hay instalaciones portuarias y aéreas.

Lo que no ha permitido el desarrollo de la industria en el campo y muy poca agroindustria, lo que ocasionó un fenómeno en Colombia, que se vive muy fuerte y es la violencia en sus diferentes manifestaciones; guerrillera que empezó a la par de la aplicación de estos modelos en la década del 50, el paramilitarismo y narcotráfico a finales de los 70 y que se viven actualmente. Muchos son los jóvenes rurales sin oportunidades para estudiar, porque no existen universidades en la zona rural y hoy es baja su cobertura, también sin trabajo o con un trabajo informal que es muy mal remunerado.

Por ejemplo, en el departamento de Bolívar, según FILCO del Ministerio del Trabajo, el empleo informal en Bolívar es del 78% para el año 2018, cifra más reciente publicada. Y en Colombia de aproximadamente más del 70% de informalidad en la zona rural, sin ingresos para satisfacer sus necesidades básicas, sin salud en las zonas rurales.

Se empezó a generar un descontento social que se vio plasmado en una violencia, que trajo como consecuencia los grupos guerrilleros de la década del 50, que permitió que se desarrolle el fenómeno social del narcotráfico, ambos se nutren de estos jóvenes sin esperanza, que ven una oportunidad laboral en estas actividades ilícitas.

Actividades que les permiten tener un ingreso, esto les da una movilidad social, un ingreso para tener una mejor calidad de vida, como lo expresan los ganadores del premio Nobel de Economía de 2019, Esther Duflo y Abhijit Banerjee, en su último libro de este año.

Hay mala economía producida por malas ideas, y esto lo digo yo, que causan externalidades negativas a la población, que disminuyen su bienestar económico, y trae desigualdad e inequidad, así como pobreza, que se vuelve una histéresis socioeconómica.

Estas teorías de desarrollo económico bien intencionadas y con muchas muy buenas ideas, que se pueden aplicar para mejorar la calidad de vida de la población, pero con los postulados explicados en párrafos anteriores, han causado casi 70 décadas de miseria y pobreza; las cuales continúan tanto en lo rural como en lo urbano.

Porque muchos de estos jóvenes sin esperanza, emigraron a las ciudades, es algo lógico, donde habían supuestamente mayores oportunidades y como proponían las teorías, un cambio demográfico en los países, que la población rural primitiva emigra a los centros urbanos, para que se volviera una sociedad civilizada y avanzada, pero esta población sin estudio no se podía insertar en el sector productivo, no podía conseguir trabajo ni ingreso, nutriendo los cordones de miseria y pobreza de la ciudad, generando fenómenos de violencia, igual que en el campo.

Y esto se nota en las cifras de los últimos años, se ha podido apreciar el retroceso del campo colombiano con su participación en el PIB, que ha disminuido de un 18% a un 6% y con un crecimiento promedio de 2% anual.

Un factor que agravó la situación del campo que venía, como se había explicado en párrafos anteriores, mal desde la década del 50, este fue también la apertura económica de 1991 del gobierno de César Gaviria, que, seguido de todos los gobiernos en los últimos 29 años, con el modelo neoliberal y la aplicación de su último modelo de desarrollo, el Consenso de Washington, como se explicó en el capítulo cinco.

Con la apertura económica del Gobierno de César Gaviria, el agro colombiano se terminó de rematar, dejó de ser productivo, se puso a competir a este sector de la economía colombiana con países donde el campo tiene una mayor productividad, es más eficiente, tiene mayor tecnología y los gobiernos de estas naciones les dan subsidios a los campesinos para aumentar su productividad.

Esta apertura económica comenzó con una reducción arancelaria paulatina de 40% en promedio al 5%, eliminando cualquier tipo de subsidio a los campesinos colombianos, dejando a nuestro campo sin ningún tipo de protección.

Los campesinos se quebraron y perdieron mercado frente a la competencia extranjera.

Los gobiernos de las últimas seis décadas no han hecho prácticamente nada para remediar esta situación, como, por ejemplo, realizando planes de inversión para disminuir las desventajas y aumentar la productividad.

Lo preocupante es que el Gobierno aún no toma medidas para poder revertir esta situación. Firmaron varios TLC, y ahora fue aprobado en esta legislación que pasó un TLC con Reino Unido, argumentando que los beneficios de estos tratados son la llegada de productos de otros países con precios menores a los existentes en el mercado colombiano, beneficiando al consumidor.

El campo colombiano está en clara desventaja con el agro de la mayoría de los países con quienes tenemos TLC, se tiene la concepción errada que el comercio internacional deja a todas las naciones que participan en él como ganadoras, cuando en realidad es una guerra donde hay ganadores y perdedores.

El Estado Colombiano ha firmado los TLC con base en el concepto de la ventaja comparativa de David

Ricardo (una teoría del Siglo XIX), debemos especializarnos donde seamos más eficientes sin tener en cuenta las otras variables de las cuales depende nuestra productividad como: infraestructura física, educación, acceso tecnología, entre otras.

Al aplicar la teoría, Colombia se especializó en productos tropicales porque son lo más fácil de producir en los campos colombianos, pero estos productos tienen una baja demanda mundial. Se debe producir lo que se demanda a nivel internacional que son: cereales, granos y derivados de la ganadería.

Trayendo como consecuencia un déficit de cuenta corriente en Colombia que este año 2020 puede estar en 8% con respecto al PIB de Colombia y financiando un déficit fiscal de 8,1% en promedio, manteniendo el famoso déficit gemelos, que al final son insostenibles y van a traer mayor desempleo, inequidad y pobreza.

Esto creando otra paradoja, lo que buscaban las teorías de desarrollo económico, explicadas anteriormente, era la industrialización de los países, producir bienes intermedios y finales, con mayor valor agregado, que aumentaría la renta de trabajo, pero lo que se logró y más con la aplicación del Consenso de Washington. Lo que se logró con el Consenso fue una re-primarización de las economías y de las exportaciones de los países suramericanos y de Colombia, la re-primarización consiste en que los sectores primarios de la economía vuelvan a tomar importancia. Estos productos primarios son producidos por el sector industrial y agrícola, que no se tecnifica y no crea agroindustrias encargadas de la producción de materias primas, los commodities y los bienes intermedios sin valor agregado.

Esto ha traído que las importaciones de alimentos pasaran de 8 millones de toneladas en 2009 a 14 millones de toneladas el año pasado.

Esto también se evidencia en el Gini, que es el índice que también puede medir la concentración de la tierra en las zonas rurales. De acuerdo con el Censo Nacional Agropecuario del 2014 el índice es de 0,93. Es decir, hay una gran concentración de la tierra en manos de uno pocos latifundistas, que tienen los terrenos como tierra de engorde, sin ningún uso. Creando la apropiación extensiva de tierra de manera ilegal, para generar valorización de manera artificial, creando un gran valor a la propiedad rural, logrando la creación de una burbuja inmobiliaria en el campo.

Mientras dos millones de familias campesinas no tienen prácticamente tierra ni tecnificación. Esta es la concentración de tierra que nos muestra el coeficiente Gini, se da en los terrenos que son planos y fértiles, que son las mejores.

El 70% en promedio, de estas tierras tiene un problema de uso, el 65% de los campesinos minifundistas tienen propiedades de manera informal y muchas de las tierras agrícolas de Colombia tienen problemas jurídicos, por apropiación ilegal de baldíos de la nación por parte de grandes terratenientes y desplazamiento forzado por parte de grupo ilegales a los campesinos.

No se ha generado un catastro multimodal, que permita crear una tarifa impositiva progresiva con equidad vertical en el campo, que impida la acumulación de las tierras para que generen renta y acumular capital, esto permitiría que los terratenientes vendan o alquilen a personas que pongan a producir la tierra, generando productividad en el campo, una mejora en la calidad de vida a las familias campesinas. Esto permitiría que los municipios tuvieran mayores ICL (Ingreso Corriente de Libre Destinación) por un mayor predial, que permitiría inversión en lo social e infraestructura, mejorando la calidad de vida de la población rural y mayores fuentes de trabajo y el desarrollo de la agroindustria.

Expropiar con compensación las tierras inexplotadas que se utilicen para su uso rentista y las tierras adquiridas con dineros de narcotráfico y corrupción estas sin compensación. El fondo de tierras debe distribuirlas entre campesinos sin tierra, generado una verdadera reforma agraria.

Complementando lo anterior, se deben tener aranceles selectivos que protejan el sector y les permitan a los campesinos tener una curva de experiencia, generar economía de escala en la agricultura, producir en grandes extensiones de tierra, para que los costos por hectárea disminuyan y aumenten los ingresos. De esta manera, se puede invertir en infraestructura fisca necesaria para la región, como carreteras, canales de riego, drenaje, entre otros. Esto permitiría que nuestros campesinos sean más competitivos.

Se hace necesario también que el gobierno invirtiera en más fertilizantes y mejores métodos de producción, un ejemplo para lograr esto:

1) Crear infraestructura física, carreteras (vías: primarias, secundarias y con énfasis en vías terciarias), utilizar las vías fluviales para poder recuperar la navegabilidad por el río Magdalena. Convertir este río en la autopista fluvial para el país. Esta propuesta se puede convertir en la creación de un ferri que compre los productos agrícolas y los transporte a los mercados. Si se utiliza el río Magdalena como una autopista fluvial los costos de transporte van a disminuir para los campesinos, así como los tiempos de traslado de productos, lo cual aumenta la competitividad y disminuye los costos. La infraestructura física es esencial para poder sacar los productos y llevarlos a los mercados locales e internacionales, ya que en promedio entre el 30% y 50% de los costos de los productos se deben al transporte.

2) Para aumentar los ingresos de los campesinos y tratar de reducir la pobreza, se deben crear programas para mejorar el suministro de riego y drenajes Para esto hay que apoyar, incentivar y trabajar mancomunadamente con los alcaldes.

3) Incentivar la producción a gran escala o de grandes extensiones, diferentes modalidades: pequeños agricultores asociados y grandes productores, con asocio de esta empresa estatal (CORPOICA) de innovación y tecnología agropecuaria para así disminuir las desventajas biológicas y lograr una economía de escala, mayor producción disminuye los costos fijos de producción, los costos bajan y se van repartiendo entre cada unidad producida, los costos fijos van disminuyendo por hectárea, por lo tanto, se puede generar una rentabilidad en el sector.

Se debe dar prioridad a sembrar productos agrícolas temperados como cereales y grano, productos derivados de la ganadería, como lo hace Brasil que se convirtió en el granero del mundo en los últimos años. Actualmente Colombia se concentra en producir y vender productos tropicales que no tienen demanda mundial.

Como se ha explicado en capítulos anteriores, el motor de la economía colombiana se fundió y la culata se torció, esto lo muestra el Indicador de seguimiento a la economía (ISE) que para abril fue -20,06%, es urgente que haya Q.E relajación cuantitativa y se realice una política monetaria de manera coordinada con la fiscal. Sólo con una política monetaria expansiva que, en la práctica imite algunos resultados de la fiscal, no es suficiente ¿Hasta cuándo la miopía de Duque y su ministro Carrasquilla? Es urgente una estrategia de dinero helicóptero.

Posdata: creo que en el capítulo anterior me equivoque en mi percepción de Duque y su Ministro Carrasquilla, realmente no son miopes sino ciegos, apenas las cuatro hermanas se dieron cuenta que el traslado de los cincuentones las perjudica, con su cabildeo poderoso hicieron que el ejecutivo se retrocediera y ahora Duque y Carrasquilla no ven pertinentes hacerlo, como argumenta el viceministro técnico de Minhacienda, con unos argumentos que no soportan ni un análisis elemental aritmético, como un valor futuro, gracias a Dios el legislativo aprobó en segundo debate el proyecto de ley.

Por qué no objetaron el Decreto número 558 del 15 de abril, que permitió el traslado de las pensiones de un mínimo de las AFP a Colpensiones, este no lo objetaron las cuatro hermanas porque las beneficiaba, les permitía trasladar las pérdidas y socializar sus pérdidas con la población colombiana, remitirse al capítulo ocho.

CAPÍTULO CATORCE. EL ESTANCAMIENTO DE LOS ECONOMISTAS

Quiero hacer un análisis de nuestra profesión como economistas y cómo muchos economistas han perdido el norte y dan malas ideas, que producen una mala economía, como escribí en el capítulo anterior.

Y estas malas ideas muchas veces se producen, no porque no se tenga el conocimiento técnico, sino que sus conceptos están sesgados o está influenciados por un interés particular.

Esta percepción ya la tenía desde que era estudiante de economía y todos los días la reafirmo más, cuando leo algún paper, un estudio o columna de un analista económico por un medio de comunicación influyente del país y no puedo creer las barbaridades que dice, sin ninguna evidencia empírica, con afirmaciones que los datos llevan décadas refutado, con teorías que se convirtieron en un dogma pero que todos sabemos que lo que dicen son mentiras.

La ciencia de la economía ha llegado a un estado de estancamiento por causa de la ortodoxia y su neoliberalismo, que la convirtió en una secta religiosa y en Colombia tiene su casa matriz o su templo, en las grandes universidades de la capital, en especial en una de donde salen todos los economistas que dirigen este país.

Los economistas ortodoxos son como la inquisición de la Iglesia Católica y su dogma del sol girando alrededor de la Tierra, que es como la teoría del libre mercado aplicado al extremo. Los economistas heterodoxos son como Galileo Galilei y Nicolas Copérnico, que con ciencia refutaban las mentiras de la iglesia, y por eso casi los matan, los condenaron a prisión y fueron instados a retractarse.

Todos saben que la libertad de mercado trae fallas de mercado y esto causa las externalidades negativas, también es sabido que las empresas privadas siempre buscan crear condiciones para el mercado imperfecto, porque este es el que les produce más utilidades, sea: monopolio, duopolio, oligopolio, competencia monopolista. Se sabe que para impedir esto se necesita la intervención del Estado, para que la economía funcione, para que no se vulneren, por parte de los poderosos, los derechos de las familias. Todos sabemos que la mano invisible no sirve.

Que las empresas privadas que administran bienes y servicios sociales son más ineficientes que el Estado, caso que todos vivimos con las EPS en Colombia, los servicios públicos, las cuatro hermanas y demás.

Que en el libre comercio no todos los países ganan, hay perdedores y ganadores, esta teoría de David Ricardo, continuada por Samuelson, solo deja como ganadores a los países del centro, ejemplo, Alemania que es el gran ganador del comercio internacional y de la globalización, los grandes perdedores son los países de la periferia, como Colombia y esto lo saben muy bien los economistas ortodoxos.

Que las disminuciones de impuestos y el sistema tributario regresivo sin equidad vertical no traen más inversión, porque las utilidades no las invierten, sino que se las llevan para paraísos fiscales y no producen empleo.

El nuevo libro de los premio Nobel de economía 2019, Abhijit V. Banerjee y Esther Duflo, titulado "Buena economía para tiempos difíciles", que ya leí y me identifiqué plenamente con ellos y también con un artículo que leí recientemente, lo que ellos dicen siempre lo he pensado. Coloco algunos apartes puntuales del artículo, a continuación:

"Para eso, necesitamos entender qué mina la confianza en los economistas. Una parte de la respuesta es que existe mucha mala economía. Los autoproclamados economistas de la televisión y la prensa —el economista jefe del banco X o la empresa Y— son, sobre todo, con excepciones importantes, portavoces de los intereses económicos de sus empresas, que con frecuencia no dudan en ignorar la importancia de las pruebas. Es más, tienen un sesgo relativamente predecible por el optimismo de mercado a cualquier precio, que es lo que el público asocia, en general, con los economistas.

Por desgracia, por lo que se refiere a su aspecto (traje y corbata) o a cómo hablan (mucha jerga), es difícil distinguir a los bustos parlantes de la televisión de los economistas académicos. Tal vez la diferencia más importante esté en su disposición a hacer afirmaciones y predicciones, lo que lamentablemente les confiere más autoridad. Pero, de hecho, sus predicciones son muy malas, en parte porque con frecuencia son casi imposibles, que es por lo que la mayoría de los economistas académicos se mantiene al margen de la futurología".

De estos malos economistas hay muchos en Colombia y en el mundo, que representan a seudocentros de pensamiento, financiados, por ejemplo, por el oligopolio financiero de Sarmiento. Estos analistas económicos actuales fueron los directores de estos centros y ahora son funcionarios de sus bancos, instituciones financieras, ministros, asesores de gobierno, profesores o funcionarios de las universidades que adoctrinan con ortodoxia a los futuros economistas y dan malos consejos económicos al país, para favorecer los intereses mezquinos de sus patrones, que van en contra del bienestar de la sociedad colombiana.

Nadie puede negar que estos economistas tienen grandes conocimientos técnicos, pero cuando hacen unos análisis por los medios de comunicación, donde dan sus opiniones, olvidan sus conocimientos y sus análisis son sesgados a favor de sus patrones y ellos mismos son conscientes que mienten y que le hacen daño a la población. Por ejemplo, cuando defienden las excepciones tributarias a las grandes empresas de sus amos o como cuando defienden a las cuatro hermanas.

Como he comentado en capítulos anteriores, estos análisis crean información asimétrica, generado mala toma de decisiones a los agentes económicos, afectando el bienestar de la población, acentuando el statu quo de la competencia imperfecta, que les trae tantos beneficios a sus patrones.

Banerjee y Duflo, dicen al respecto algo muy pertinente: *"Resulta que lo que la investigación más reciente tiene que decir es a menudo sorprendente, sobre todo para quienes están habituados a las respuestas trilladas de los «economistas» de la televisión y los libros de texto de instituto, y puede proporcionar nuevos puntos de vista en estos debates."*

Esto tiene estancada, no sólo a la profesión en algunos ámbitos, sino que daña la imagen de todos los economistas ante la sociedad y daña la profesión, hay que tener mucho cuidado con los seudo análisis se hacen en muchos medios, hay tener siempre una posición crítica no importa el nivel de estudio de quien escriba.

Posdata: en Cartagena no se entiende la posición del alcalde ni de su secretario de hacienda, por lo siguiente: Cartagena tiene un nuevo Plan de

Desarrollo desfinanciado, cosa que todo el mundo sabe, desde los políticos, los analistas locales, gremios y los seudo centros de investigación y pensamiento locales, y sin embargo así fue aprobado.

Un Plan de Desarrollo mal elaborado, no adaptado a la nueva realidad que vive la ciudad a causa de la pandemia, que no tiene en sus ejes ni metas la capacidad de sacar a Cartagena de la depresión económica en la que se está sumiendo.

Sabiendo que el turismo y el comercio son los más afectados, los primeros en quebrar y los últimos que se van recuperar dentro de los dos años de afectación que va a causar el Sar-Covid-2, los periodos de aislamiento acordeón que se van a tener que hacer. Turismo y comercio no es el primer sector que aporta al PIB de la ciudad, pero es el que mayor empleo produce (formal o informal), en promedio el 33%. Un Plan de Desarrollo que no van a poder ejecutar correctamente porque no hay plata.

Donde se sabe por análisis, que los departamentos, municipios y distritos van a tener una disminución de sus ICL, que presentará en promedio una disminución entre 40% y 50%, según la Federación de Municipios, Departamentos y Centro de Investigaciones serios. Igual que los recursos SGP, sus recursos de regalías, donde la ciudad tiene un fuerte problema de flujo de caja.

Donde los análisis que hace el secretario de hacienda son de los problemas financieros de las pasadas administraciones ¿Y lo que está pasando ahora no existe? Siendo lo más grave y preocupante para la ciudad, lo que más pobreza y miseria le dará a Cartagena. Aún más que la corrupción, lo que va a generar la pandemia es más grave.

El secretario de hacienda no tiene análisis de los efectos de la pandemia sobre las finanzas públicas de la ciudad y como no tiene datos, no los ha hecho, no tiene un departamento de investigación serio, técnico, que analice los datos a través de modelos estadísticos y econométricos, el secretario ni el alcalde conocen la magnitud de lo que le va a pasar a la ciudad y, por lo tanto, no tienen ni idea de cómo van a solucionarlo.

Cuando lo que se necesita hacer es salir a los mercados de capitales, para hacer una emisión de bonos para financiar el nuevo Plan de Desarrollo y el cuantioso gasto que se tiene que hacer en salud y para reactivar la economía.

Si ninguna responsabilidad sale a decir el alcalde que Cartagena esta quebrada, pudiendo causar una disminución de las calificaciones de riesgo a la ciudad, dificultando su financiación que va a necesitar urgente hacer, corriendo el riesgo de cerrar los mercados financieros y capitales a la ciudad, volviendo más cara la financiación porque aumenta la tasa de interés por el mayor riesgo. Un alcalde con incontinencia verbal, carente de raciocino, de prudencia, que la primera estupidez que se le ocurre la dice sin medir los efectos que causa a la población.

Parece que el secretario de hacienda tiene poco conocimiento practico de finanzas públicas y está aprendiendo a los golpes. En la vida laboral no se va a aprender y menos en estos cargos, de los que depende el futuro de una ciudad. Qué diferencia con el secretario de hacienda de Bogotá, que ya desde mitad de febrero sabia cuanto era déficit que tenía que financiar y conocía las acciones que debía ejecutar, haciendo una emisión de $500 mil millones en bonos en el mercado de capitales para financiar el Plan de Desarrollo y el gasto derivado de la pandemia.

Ya la emisión estaba emitida a comienzos de abril y ya Bogotá tiene los recursos para ejecutar su Plan de Desarrollo, enfrentar la pandemia y ayudar a la población. Mientras tanto, en Cartagena siguen mirado hacia atrás, como si con eso se solucionara algo, el pasado es pasado y mirando hacia atrás no se solucionada nada, es hora de mirar hacia el presente, donde se puede cambiar la historia de la ciudad, con acciones acertadas que puedan cambiar el futuro. Nuestro alcalde y su incompetente secretario de hacienda no lo entienden, no tienen ni siquiera una proyección estadística de cómo nuestro recaudo se va a afectar con el efecto Sar-Covid-2.

CAPÍTULO QUINCE. LA CRISIS DE LA DEUDA QUE COLOMBIA NO SUFRIÓ EN LOS 80 LE PUEDE OCURRIR POR EL MEDIOCRE MANEJO DE LA ECONOMÍA DE PARTE DEL GOBIERNO

Latinoamérica tiene un triste recuerdo de los 80, que comenzó puntualmente en el año 1982 cuando por su afán de industrialización los países latinoamericanos se sobre endeudaron en aproximadamente el 60% de su PIB y este alto endeudamiento ocurrió por lo siguiente: en la década de los 70 los países productores de petróleo vivieron una bonanza por los altos precios del petróleo, lo que ocasionó que estos países tuvieran mucha liquidez, lo cual facilitó que este flujo de efectivo estuviera invertido en la banca internacional y esta la invirtiera en préstamos en grandes cantidades en los países latinoamericanos.

Estos préstamos concedidos a los países del continente americano eran a tasas de interés variable, para que los países hicieran inversión en infraestructura física para industrializarse, estos préstamos se facilitaron porque los países del continente presentaban altas tasas de crecimiento, debido a la bonanza de los precios de commodities.

Pero en los 80, los términos de intercambio de los commodities disminuyeron, el crecimiento económico también bajó, lo que no permitió tener los recursos para pagar las deudas externas. Este bajo crecimiento se debió, principalmente, por tener grandes déficits en externos, es decir, en cuenta corriente (mayor importación de bienes finales e intermedios, y una baja exportación más que todo de materia prima), grandes devaluaciones de moneda, lo que aumentó el servicio a la deuda (capital e intereses), esto ocasionó graves problemas inflacionarios en estos países como: Argentina, Brasil, Bolivia, México, entre otros.

Esto ocasionó también escases de divisas, alta tasa de desempleo que condujo a la destrucción de capital humano, quiebra de empresas, una parcial ruina del tejido empresarial.

Una diferencia de la crisis de los 80 con la que probablemente va tener Colombia, era que la deuda que tenían los países en esa época era con bancos comerciales internacionales a corto plazo, actualmente se tiene una mayor diversificación de la deuda, la mayoría se tiene en los mercados de capitales a través de bonos a más largo plazo o con la banca multilateral.

Los países latinoamericanos solo se empezaron a recuperar a comienzos de los 90, por eso se llama la década pérdida de Latinoamérica, esta recuperación gracias a los criterios de FMI que fueron:

1. De contracción del gasto
2. Disminución de: inflación e importaciones
3. Privatizaciones, subidas de tasas de interés.

Esto trajo miseria, inequidad e informalidad a la región, nunca antes vista y que hoy continua de manera exponencial. Colombia fue uno de los países que se salvó de esta ruina de los 80, y en esa época no tenía una política neoliberal, pero el gobierno de Duque y su ministro de hacienda Carrasquilla han aplicado a raja tabla las fórmulas de los 80 de la ortodoxia, nos están conduciendo a una crisis de deuda parecida a lo que vivieron los demás países suramericanos, como explico de manera detallada a continuación.

Y esta crisis de la deuda se está empezado a gestar desde el planteamiento del marco fiscal de mediano plazo dado el viernes 26 de junio, donde el ministro de hacienda se convierte en escritor de ciencia ficción, con unas proyecciones imposibles que se den en la vida real, prevé una recuperación de crecimiento económico en forma de V para el 2021, lo que trae como consecuencia una disminución del déficit fiscal para el año 2021.

El ministro con su equipo técnico colocó el déficit fiscal para el año 2020 en 8,2% y con una estimación de deuda total del 58,6% de PIB para el año 2020, y puede alcanzar un máximo de 60% del PIB de este año.

El ministro estima un crecimiento mágico que pasa de un crecimiento negativo de -5.5% para el año 2020, según la estimación de Minha (otros como el Banco de la República calcula -7,9% y otros organismos multilaterales de más de -8%) aun crecimiento positivo de 6,6% para el año 2021, lo que posibilita, según el ministro Carrasquilla (que sigue en su papel de mago), una disminución del déficit fiscal de 5,1% en el 2021 y luego una disminución de 2,5% para el año 2022, gracias a los mayores ingresos que produce la economía, lo que permite pagar la deuda y disminuir su porcentaje con respecto al PIB por su mayor crecimiento.

Este mayor crecimiento de 6,6% con respecto al PIB de 2021, permite pagar la deuda por los mayores ingresos y con la ayuda de una reforma fiscal para el año 2021 que recaude el 2% del PIB para el año 2022, para a partir de 2023 poder llegar a la meta del 1,1% de déficit fiscal del PIB, nada más alejado de la realidad.

Además, el gasto producido por el Sar-Covid -2 en salud y en lo social no va a disminuir en estos dos años y por lo tanto es muy difícil reducir esa proporción del déficit fiscal.

Para esto el ministro y su equipo de magos hacen otras proyecciones dentro del MFMP, como que el déficit en cuenta corriente que para el año 2019 fue de 4,3% con respecto al PIB de ese año y estiman que va a ser de 4,8% con respecto al PIB 2020 y de 3,7% para el 2021.

Cuando se estima que el déficit en cuenta corriente puede estar alrededor del 6,0% al 8% con respecto al PIB para el 2020.

Según el gobierno esta disminución de déficit en cuenta corriente se da por mayores precios en los commodities, y porque se prevé un aumento de la inversión extranjera directa, la cual financiará el déficit.

Lo cual es poco probable con las potencias económicas atravesando una recesión, que el FMI calcula que para el mundo será este año de -4,9%, que para las economías avanzadas estiman que sea de -8%, para la zona euro de -10,2% y América latina y el Caribe de -9,4%.

El FMI en su informe detalla la magnitud de la recesión para las economías avanzadas, para el 2020 este caso tenemos: Italia (-12,8%), España (-12,8%), Francia (-12,5%), Reino Unido (-10,2%), Canadá (-8,4%) y Estados Unidos (-8%) y que pueden tardar su economías varios años en recuperar el nivel que tenían en el 2019, con posibles cuarentenas por rebrotes de SAR-Cov-2, es decir, cuarentenas de acordeón que debilita aún más sus economías. Lo que ocasiona una demanda mundial débil y como consecuencia disminución de los precios de los commodities. Y un miedo de los inversionistas al riesgo y una baja inversión extranjera, lo que se ve en la disminución de la inversión extranjera, que para el primer semestre de 2020 para Colombia fue de US$-1.425 millones de dólares, según el Instituto de Finanzas Internacionales (IIF), el cual detalla en su informe *"que para en enero y mayo se registraron ingresos netos de inversión de portafolio que sumaron US$547 millones, pero las salidas llegaron a US$1.972 millones sumando febrero, marzo, abril y junio"*.

Además, con una disminución del comercio internacional de este semestre de -18,2%, según la OMC y según el FMI se proyecta una baja de -

12% del comercio internacional, es imposible disminuir el déficit en cuenta corriente de Colombia si no se cambia el modelo económico.

Esta tendencia va a continuar en el tiempo porque este shock de demanda y oferta causa un efecto psicológico de miedo e incertidumbre a los agentes económicos, en este caso puntual: las familias y las empresas, causando una disminución del consumo en los hogares. En las industrias, un ajuste de costos de producción, en este caso aumentando el despido del personal y en otras disminuyendo las inversiones para tratar de permanecer en el tiempo. En las familias, como se explicó anteriormente afectando el consumo interno y esto les sucede a las familias por varios motivos:

1. Perdidas de sus empleos
2. Disminución de sus ingresos
3. Miedo a salir al mercado físico (supermercado, almacenes tiendas, etc.)
4. Por la incertidumbre que hay, están tratando de ahorrar lo que se pueda y sólo gastando en bienes inferiores y primarios (bienes y servicio: alimento, salud, servicios públicos, entre otros pocos).

Este es el gran problema que tiene la economía colombiana, que es su gran déficit externo, el mismo problema económico que tenían los países suramericanos de la década de los 80 y los precipitó a la década pérdida.

Igual que ellos en la década de los 70 que financiaban este déficit con exportaciones de commodities con altos precios, nosotros los financiábamos con los altos precios de los commodities (petróleos a precios que llegaron a US $150 el barril y carbón) para los años 2003-2014.

Después como les pasó a ellos, cuando disminuyeron los términos de intercambio de las materias primas para estos países Latinoamericanos en los 80, igual para nosotros a partir de 2015.

Ellos financiaron este déficit en cuenta corriente con deuda externa y nosotros mantenemos los famosos déficits gemelos (déficit cuenta corriente, déficit fiscal) que nos tienen al borde de los mismos problemas económicos explicados en párrafos anteriores de la economía Latinoamericana de la década de los 80, que no tienen nada que ver con la SAR-COV-2 y que nos tenían a punto de entrar en una recesión, pero con la pandemia se precipitaron las consecuencias y gravedad de las repercusiones.

Y para el tercer trimestre entramos técnicamente en una recesión que tiene una forma L, es decir, más de dos años, lo que no nos permite tener el crecimiento económico para poder pagar el servicio a la deuda y mantener estos déficits gemelos y van traer una grave devaluación, con sus consecuencias en las variables agregadas, como el empleo, lo que ocasiona caídas de empleo y productividad de cerca del 10% en promedio con respecto al año 2019, este déficit gemelos y el bajo ahorro daña el equilibrio entre la producción nacional y el consumo. Lo anterior traerá un desempleo muy alto con histéresis de varios años, como ocurrió en la recesión de 1999, que después de esta se tardó más de 15 años en bajar a un digito la tasa de desempleo, pero como la recuperación es extraordinariamente rápida y mágica, según Carrasquilla, que va tener Colombia en forma de V, todo esto se va a solucionar en menos de un año.

Y este es el error que se tiene en los pronósticos de la recuperación en forma de V que se pronostica en Colombia. Que asumen los estimadores del gobierno, una recuperación en forma de V (recesión un año, recuperación al siguiente). Dado que las recuperaciones en forma de V se han producido el 70% de las veces en el mundo, según las estadísticas, entonces se asume que siempre va a ser de esta forma, generalmente terminan siendo correctas y no calibra bien sus modelos de proyección y ni esfuerza para hacerlo, escogen el camino fácil y simple.

En el otro 30 por ciento de los casos, como ha pasado en los últimos 12 años con la gran recesión de 2008 y Colombia con la recesión de 1999, los estimadores (de los organismos multilaterales, los centros de pensamiento colombiano e instituciones oficiales) han pronosticado incorrectamente una recuperación, como lo evidencia la métrica económica de los diferentes papers al respecto.

Y esto es la práctica común en todos los casos de pronóstico en el mundo y en Colombia, por eso los organismos internacionales y locales, hacen una constante revisión de sus proyecciones y su tendencia a la baja. Sólo con el tiempo los pronosticadores se dan cuenta de su error, esto pasa y está pasando en Colombia y en el mundo con las estimaciones de la crisis del 1999 en Colombia y la gran recesión de 2008 en el mundo.

Los pronosticadores de los centros de pensamiento y gobierno aprenden de manera bastante gradual que la economía se está alejando de la recuperación estándar en forma de V y se está acercado en forma de L, como es el caso en Colombia no es solamente el efecto de la Sar-Cov-2 que está causando una grave recesión en la economía de Colombia, dejando una histéresis en todas las variables agregadas en la economía, que va a tomar varios años para recuperación, el crecimiento que se tenía en el 2019 sino que Colombia ya está muy debilitada es su estructura macroeconómica, como expliqué en párrafos anteriores, lo que refuerza la recesión.

Esta histéresis en general, que he explicado en columnas anteriores, por este medio, que se refiere a una serie de formas muy diferentes en que las condiciones económicas transitorias pueden afectar negativamente el nivel a largo plazo o el crecimiento de la economía. Por lo tanto, es útil distinguir cuales son los medios por donde se tramite esta histéresis en la economía colombiana y cómo esto va a repercutir en aumentar la recesión y generar una crisis de la deuda.

El desempleo que ha causado la cuarentena de Sar- Cov-2, que cierra los principales sectores de la economía, significa una gran tasa de desempleo, que para el trimestre anterior fue de 21,4% y 4,9 millones de personas pasaron a ser desocupadas, 2,06 millones de colombianos perdieron sus puestos, en comparación con mayo de 2019 y una población inactiva que fue para mayo de 2020 de 17,8% y que aumento a 3 millones de personas, en comparación con mayo de 2019. Que por la pandemia no han podido buscar trabajo ni han podido trabajar.

En Colombia, esto ha tenido como consecuencia un gran desempleo, el segundo mayor de la OCDE. El impacto potencial del desempleo masivo a mediano y largo plazo es la forma más obvia de histéresis resultante de una recesión de la demanda agregada. Se refiere al posible impacto grave del desempleo a corto plazo en las perspectivas futuras del mercado laboral, a través de la depreciación del capital humano. Cuando las personas están desempleadas, sus habilidades pueden atrofiarse, su apego al mercado laboral puede disminuir y, dada la conocida asociación entre desempleo y bienestar, su salud mental puede sufrir.

Todo lo anterior, reducen las aspiraciones de empleo y salarios futuros. Los impactos cuantitativos son particularmente graves para los jóvenes y mujeres en Colombia, y los impactos aumentan no linealmente con la duración del desempleo. Los medios por donde se trasmite pueden ser:

1) Pérdida de las habilidades de las personas y capital. Por el desempleo está la pérdida económica resultante de la separación del trabajo. En la medida en que los trabajadores y las empresas hayan acumulado capital específico para el trabajo, es decir, que los trabajadores sean más productivos en su trabajo específico que en otro tipo de trabajo, la pérdida del empleo destruirá ese capital y reducirá sus ganancias futuras y, posiblemente, la productividad de la empresa (si sobrevive).

Una organización es un conjunto de procesos y relaciones comerciales, legales, personales y de otro tipo, tanto dentro de la empresa como fuera de ella. En tiempos "normales", la creación y destrucción de empresas son una fuente de crecimiento de la productividad, como decía Joseph Alois Schumpeter en su teoría de la "Destrucción Creativa", a medida que las empresas menos eficientes salen y entran nuevas empresas. Sin embargo, la naturaleza de la pandemia significa que un gran número de empresas estables están amenazadas. Esto constituyen a una forma de capital intangible que se disipa en gran medida o totalmente cuando la empresa se disuelve.

Si analizamos el crecimiento económico como un fenómeno endógeno, parece muy natural pensar en la histéresis como el resultado de cualquier crisis. Es que las fuerzas que impulsan el crecimiento a largo plazo se disminuyen durante las recesiones. Está respaldada por la evidencia empírica de muchos papers, de que la inversión en capital físico, los gastos en $I + D + I$ y la adopción de nuevas tecnologías tienden a ser cíclicos. Una disminución temporal de las fuerzas que impulsan la innovación o la adopción de tecnología debe tener un impacto permanente en los niveles del PIB, lo que lleva a la histéresis como ocurrió en Estados Unidos y Europa en la gran recesión que comenzó en el 2008.

2) Los colegios, universidades y centros de capacitación están cerrados. Dado que el propósito de los centros educativos es educar a los estudiantes, sería sorprendente que esto no condujera a una disminución en la adquisición de capital humano. Incluso con un tiempo corto de faltar al colegio o a la universidad, tendrá consecuencias para el crecimiento de las habilidades e inteligencia cristalizada (aquella que se adquiere estudiando).

La preocupación de la histéresis está totalmente justificada. La magnitud de estos posibles impactos es enorme, los cuales provocaran que la recesión tenga forma de L y sería imposible cumplir con el gran endeudamiento que se va a tener el país, porque no va a tener el crecimiento suficiente para pagar.

Coloquemos un ejemplo simplificado, supongamos que la economía tiene una deuda con un costo de 7% efectivo anual, se necesitaría tener un crecimiento del PIB nominal de 14% al año. Es decir, del 7% por el efecto de la inflación y 7% real para poder cumplir la deuda, pero si la economía no crece como va a ocurrir, o crece en una mínima expresión, como lo muestran los datos históricos y esta histéresis que imposibilita este crecimiento, como se observa en la métrica económica de la última recesión mundial de 2008.

Si el efecto de la pandemia dura más de dos años, tendrá un impacto potencial de un período prolongado de demanda deprimida en el crecimiento y la productividad. Mientras más dure la debilidad de la demanda, más amenaza con dañar el crecimiento a largo plazo, a medida que las empresas reducen la capacidad de producción y los trabajadores desempleados abandonan la fuerza laboral y las habilidades críticas se están erosionando. La débil demanda también deprime el comercio, lo que se suma al decepcionante crecimiento de la productividad.

Como se ha argumentado, el peor error en el que puede incurrir el gobierno y su ministro de hacienda (en su ceguera) es aumentar el nivel de endeudamiento, como quiere, en más del 60% con respecto al PIB. El ministro haciendo estimaciones mágicas que la economía colombiana se va recuperar en forma de V, que en los años siguientes va a crecer unas tasas absurdas y que este crecimiento económico va a ser estable por los próximos años y nos va a permitir pagar el servicio a la deuda (capital e intereses).

Y por el mayor crecimiento, el porcentaje de la deuda va a disminuir, cuando las evidencias empíricas nos muestran que en los últimos 12 doce años y también en los últimos 20 años, que el PIB no alcanza las tasas de crecimiento anteriores, sino que dura varios años con un crecimiento casi nulo, por efecto de la histéresis, explicada anteriormente, lo que hace peligroso el endeudamiento.

Es aún más peligroso porque es en moneda extranjera, por el gran déficit en cuenta corriente que hace que la economía colombiana este a merced de las fluctuaciones internacionales, que pueden ocasionar que la moneda se devalúe a tal manera que sea imposible asumir la deuda, causando una situación parecida a la crisis de la deuda de 80 de los países latinoamericanos y la que tiene Argentina actualmente.

Entonces, cómo hacemos para realizar los estímulos que necesita la economía para reparar el motor que el gobierno de Duque y su ministro de hacienda permitieron que se que fundiera por su torpeza, lo explicaré de la siguiente manera:

La economía colombiana tiene un régimen cambiario flexible, expectativas de inflación bien ancladas como nos muestran las cifras de 2020. Para mayo fue de -0,32% y junio de -0,38%. Y para lo que va corrido del año de 1,12% y se estima que para todo el año sea de 2,9%. Y una deuda pública diversificada, en gran parte, en moneda local, deberíamos adoptar una relajación cuantitativa, adoptar (QE) de manera más agresiva, con el objetivo de aliviar las condiciones financieras y proporcionar financiamiento monetario del déficit presupuestario con una política monetaria y fiscal conjunta de manera moderna. La relajación cuantitativa la podemos definir como las compras de activos gubernamentales a largo plazo. Una de las herramientas de política monetaria no convencionales empleadas por los bancos centrales de las potencias económicas, desde la gran recesión de 2008 o desde los 90 en Japón.

Con programas de compra de bonos los gobiernos de las potencias económicas mundiales le dan liquidez en el mercado local de bonos, reduciendo así el costo de los préstamos para el resto de la economía. El Banco de la República puede ser comprador de último recurso y preservar la liquidez y la estabilidad en el mercado de bonos del gobierno local.

A demás, los programas de QE podrían proporcionar efectivamente financiamiento monetario del déficit presupuestario y, por lo tanto, pueden apoyar a las inversiones de los servicios de salud, bienestar y estímulos necesarios anticíclicos (infraestructura, ayudas a agentes económicos) necesarios para mitigar la crisis Sar-Cov-2, reparar el motor de la economía, protegiéndose así contra los riesgos de deflación y estancamiento, que parece que va a tener la economía colombiana.

Mientras las variables agregadas tengan holgura abundante en la economía (cual la podemos definir como: cuando el nivel de las variables macroeconómicas tiene un nivel observado, se encuentra por debajo de su nivel potencial, el cual se define como el nivel consistente con una inflación estable, indicando así una contribución a una menor inflación), las expansiones fiscales financiadas con expansiones monetaria no ocasionan presiones inflacionarias. Relajar la postura de la política monetaria interna colombiana en sincronía con las economías avanzadas también puede ayudar a evitar que las operaciones de Carry Trade (inversor que vende una moneda con una tasa de interés relativamente baja y compra otra diferente con una tasa de interés más alta e invierte en mercado de capitales, sea renta fija o variable y gana la diferencia y liquida el activo, comprando en dólares y los saca del país) y otras operaciones especulativas de capital a corto plazo desestabilicen la recuperación, una vez que la recesión finalmente haya terminado.

En Colombia operan bajo un régimen de inflación objetiva, permitiendo el tipo de cambio flotante y durante mucho tiempo han podido emitir deuda soberana en su moneda local. Lo que ha permitido que el balance de la deuda del gobierno se haya diversificado entre deuda local y extranjera. Y esto se vio facilitado por las abundantes condiciones de liquidez global creadas por la adopción de QE por parte de las economías avanzadas después de la gran recesión de 2008.

Si bien la QE podría ayudar a evitar que la economía caiga en espiral hacia la deflación y el estancamiento, esto lo permite la inflación baja como se explicó en párrafos anteriores. A demás, las expectativas están bien ancladas, con tasas de inflación por debajo de la meta. Lo que permite la relajación cuantitativa que genera un estímulo cuasifiscal, pero si lo hacemos de manera coordinada con una política fiscal expansiva permitirá dar estímulos para reparar el motor de la economía colombiana y escapar de la crisis de la deuda que se nos viene.

El ministro de hacienda Carrasquilla debería expandir su universo de política fiscal y monetaria y dejar de usar teorías y políticas monetarias y fiscales ochenteras del FMI, que usaron para combatir las crisis en los 80 y 90 en Latinoamérica, con receta probada de austeridad fiscal y depreciación del tipo de cambio, esto trae miseria, inequidad y pobreza. No es adecuada para responder a los desafíos económicos actuales.

Otras de las opciones que plantea nuestro "Harry Potter" de ministro de hacienda en el plan MFMP es la enajenación de los activos públicos por 12 billones de pesos, para disminuir el endeudamiento, es decir, la privatización de Ecopetrol, ISA, Fondo Nacional del Ahorro, Banco Agrario, entre otros bienes.

Otra de las recetas mágicas ochenteras del FMI, que lo que causa es que la nación venda sus activos o ahorros, que le produce flujo de ingreso en el presente y en el futuro. Y estos ingresos en el 2021 los van a reemplazar por una mal vendida y mal valorada de estos activos, como les gusta a ellos, vendérselas por limosna a sus amigos. En vez de esto deberían crear nuevos instrumentos financieros y crear unos bonos CoCos (Bonos Contingentes Convertibles, son instrumentos que permiten obtener intereses como los bonos, pero que pueden convertirse en acciones en un nivel de capital pactado o aprobado por la entidad), que los utilizó la Unión Europea para salvar a los bancos de la gran recesión. El gobierno colombiano debe hacer una emisión de CoCos con las propiedades de la empresa estatales mencionadas arriba, que los compre el Banco de la República para financiar al estado y que la emisión sea de 15 billones de pesos, así estas propiedades no se privatizan, sino que el dueño sería el banco central, estaría en sus activos y el balance sería igual y los ingresos, es decir, dividendos llegarían por las utilidades que reparte el banco central.

Posdata: Lo que debe hacer es un cambio en el modelo económico de apertura mediante la intervención en el tipo de cambio, elevación de los aranceles, prestamos en condiciones especiales, subsidios a las exportaciones industriales y agroindustriales, el empleo para conformar una estructura comercial de valor agregado de alta productividad del trabajo. Esto elevaría el ahorro, reduciría el déficit en cuenta corriente y aumentaría el empleo. Equilibraría el balance interno entre la producción y el gasto. Y corto plazo se vencería la histéresis, recobrando el crecimiento económico, la productividad y el empleo formal.

CAPÍTULO DIECISÉIS. LAS SESGADAS ESTIMACIONES DE LOS ÓRGANOS MULTILATERALES A FAVOR DEL GOBIERNO Y LA CURVA DEL BEVERIDGE

La economía de Colombia y de Suramérica va a entrar en la recesión más grande que ha tenido en el último siglo, según proyecciones la Cepal estima que Latinoamérica puede tener un decrecimiento de -9.4%, pese a que son unas estimaciones más realistas que las del FMI y del Banco mundial, todavía tienen demasiado sesgo por los intereses que tienen los organismos multilaterales con los países de la región. Colombia es cliente de estos organismos multilaterales y tiene una estrecha relación, por eso no muestran en sus estimaciones la verdadera realidad que pasa en las economías, presentado una información asimétrica que hace tomar decisiones erróneas a los agentes económicos (familias, organizaciones y estado). Incentivado un comportamiento irracional en sus tomas de decisiones y el Estado con esta información hace una mala formulación de la política económica, afectando el bienestar de la población, generando aún más un mercado de competencia imperfecta y esto se da como lo voy explicar a continuación:

Como expliqué en el anterior capítulo, los modelos de estimación de las agencias multilaterales y los centros de pensamiento cercanos al gobierno siempre se están corrigiendo y revisado para una tendencia hacia la baja.

Estos errores de las proyecciones se salen de las normas de probabilidad. Las proyecciones se aumentan para justificar diagnósticos y decisiones del gobierno colombiano, para crear un ambiente artificial de las economías latinoamericanas y en especial la colombiana, creando un falso optimismo, vendiendo la idea de que las acciones que se están tomando son las correctas, que shock transitorio y que pasará rápido.

Estas estimaciones tienen base en un modelo de variables agregadas universales que se desarrollan en forma parecida en todos los países, toman las mismas variables para todos los países, como el déficit fiscal y la inversión. Desconociendo las condiciones estructurales socioeconómicas de los países, en el caso colombiano, como se explicó en el capítulo anterior, el déficit sector externo (cuenta corriente) y la histéresis del mercado laboral de Colombia que se venía dando ya hace unos años y que se profundizó por el shock económico generalizado (oferta, demanda y financiero) que produjo el Sar-Cov-2 en el mundo y en los países hispanoamericanos, fuertemente en Colombia.

Estas situaciones económicas precarias, las presentan casi todos los países hispanoamericanos antes de la pandemia, con excepción de Chile que tenía un superávit en cuenta corriente de 0,03% con respecto al PIB del año 2019 y Perú que prácticamente no tenía déficit fiscal y su porcentaje de deuda en promedio era menor al 23% con respecto al PIB de 2019.

Supuestamente Perú es uno de los países que, según las estimaciones de los diferentes organismos, es al que peor le va ir en su economía, cuando es uno de los países que ha tenido una política monetaria y fiscal más expansiva en Sudamérica, para suavizar el impacto de la pandemia en su economía, gastando alrededor del 11% de su PIB para esto. Por lo cual, es incongruente estas estimaciones sobre la economía de Perú, que hacen las agencias multilaterales y calificadoras de riesgo, que dan estimaciones catastróficas para la economía peruana y para Colombia, que apenas tiene previsto gastar 2,5% del PIB, es decir $25 billones de pesos, para suavizar el impacto y de esto ha gastado solamente el 0,5% del PIB, es decir $5 billones de pesos y antes de la pandemia tenía un déficit en cuenta corriente de 4,3% y un déficit fiscal de 4,5% para el 2019, obviado claro está, las fórmulas mágicas con que nuestro ministro Carrasquilla, alias "El Mago" consiguió el superávit primario, que nadie le creyó y con tasas de desempleo de más del 10% antes de pandemia.

A demás que el impacto sanitario del Sar-Cov-2 va a durar más de dos años y esto afectará gravemente la economía colombiana y de los países suramericanos, con múltiples cuarentenas de acordeón, que impedirán su recuperación hasta que no disminuya el efecto sanitario.

Pero con las políticas erráticas del gobierno de Duque, este campo se ve poco probable, cuando contra todo pronóstico levantó la cuarentena, cuando los casos de contagio van en alza, haciendo lo contrario de Europa, generando que temprano que tarde tenga que hacer otra cuarentena mucho más fuerte y que será dos o tres veces más costosa que la primera cuarentena para economía. En vez de mantener un poco más de tiempo la primera y un poco más estricta como en los países europeos y China.

Pero Duque prefirió seguir el modelo de Estado Unidos, que es un modelo desastroso para la economía, como lo siguen confirmando los datos, como los arrojados la semana pasada, donde 1,4 millones de personas solicitaron subsidios de desempleo, cuando las estimaciones creían que iban a ser 1,2 millones de personas, todo esto porque los estados han tenido que volver con cuarentenas, por sus errores de flexibilizar antes de tiempo, costándole muy caro a la economía norteamericana.

Por eso las proyecciones han sido fallidas de forma sistemática en los organismos multilaterales. Cuando las instituciones y los individuos se equivocan en forma repetitiva en las previsiones, también se equivocan en las políticas y las consecuencias que esto trae para bienestar de los agentes económico, de la sociedad.

En las teorías de comportamiento se considera que los agentes económicos (familias, organizaciones y estado) son racionales, no incurren en equivocaciones constantes. En algún momento se dan cuenta de la causa del error y lo solucionan. De esta forma, la equivocación persistente de la estimación es una seguridad de que los elementos de análisis no corresponden a la realidad. Si las predicciones fueran correctas, en unos casos se equivocarían hacia arriba y en otros hacia abajo, y se podría hablar de errores aleatorios, pero cuando se presentan en la misma dirección habría que reconocer errores que son persistentes, con la certeza que se están equivocando para ayudar a un gobierno que es cliente de estos organizados multilaterales, para dar las percepciones que sus actuaciones en política económica son correctas. Y esto se ve en los siguientes cuadros, donde se ve como sistemáticamente el FMI, BM, OCDE y CEPAL corrigen sus estimaciones a la baja.

Estimaciones de OCDE de decrecimiento económico de Colombia por Sar-Cov-2		
Abril – primera Estimación de OCDE	Junio – segunda estimación con tendencia a la baja de la OCDE	Junio- estimación en caso que exista un segundo brote
-4,9	-6,9	-7,9%

Cuadro de elaboración propia con datos de la OCDE

Estimaciones del FMI para: Colombia, Chile, Perú y para toda Latinoamérica de -9,4%	
	Estimación de junio del decrecimiento
Colombia	-7,8%
Chile	-7,5%
Perú	-13,9%

Cuadro de elaboración propia con datos del FMI

Estimaciones de la FMI para Colombia por Sar-Cov-2	
Abril	Estimación de junio
-2,4%	-7,8%

Cuadro de elaboración propia con datos del FMI

Estimaciones de la Banco Mundial para Colombia por Sar-Cov-2 y para Latinoamérica -7,2%	
Abril	Estimación de junio
-2%	-4,9%

Cuadro de elaboración propia con datos del BM

Estimaciones de la CEPAL para Colombia por Sar-Cov-2	
Abril	Estimación de junio

-2,6%	-5,6%

Cuadro de elaboración propia con datos de la CEPAL

Estimaciones de CEPAL para: Colombia, Chile, Perú y para toda Latinoamérica de -9,1%	
	Estimación de junio de decrecimiento
Colombia	-5,6%
Chile	-7,9%
Perú	-13,%

Cuadro de elaboración propia con datos de la CEPAL

Y esto se observa si se leen los informes del FMI, BM y OCED que cuentan en sus análisis lo terrible que es Sar-Cov-2 para la economía hispanoamericana, mostrando que existe una discrepancia entre esta narración y sus números del PIB.

Ejemplo de esto son: FMI y BM que están pronosticando un impacto significativamente más moderado de la pandemia de COVID-19 en los mercados emergentes, entre estas las suramericanas, que en las economías avanzadas. Se pronostica que el crecimiento del PIB disminuirá en 9% en promedio para las economías avanzadas y sólo en 7.5% en promedio para las economías latinoamericanas.

De hecho, las estimaciones de las perspectivas de la economía mundial implican que la crisis de covid será menos grave en la actividad económica de los países latinoamericana que los países desarrollados.

Los informes del FMI y BM describen los principales factores que para estimación afecta la economía por Sar-Covid-2, que se pueden agrupar en (1) un choque interno (consumo y la producción, es decir, la demanda agregada y la oferta) y (2) los desequilibrios externos (déficit de cuenta corriente y déficit fiscal para Colombia y las demás economías hispanoamericanas).

Dentro de los informes de estos organismos internacionales se explican los desequilibrios externos de manera detallada, esto deberían hacer que las estimaciones de crecimiento sean aterradoras para los países de la región, incluyendo a Colombia. En un conjunto de variables agregadas analizadas por BM y FMI en los informes de la región que los colocan por vectores, que desencadenaran, aún más, el shock de Sar-Cov-2, como son las debilidades a los impactos de los termino de intercambio a la baja de los commodities (petróleo y carbón para el caso específico de Colombia), la dependencia del turismo o las remesas (para Colombia es un impacto moderado), y su alto nivel de endeudamiento (que para Colombia ya ronda en el 48% con respecto al PIB) ver enlace, por estos motivos las economías hispanoamericanas incluida Colombia debería verse más gravemente afectado por la crisis de Sar-Cov-2.

Esto implica que en las estimaciones del PIB de Hispanoamérica del FMI y BM deberían observase el impacto interno del shock sanitario en el mercado de las economías.

Los comportamientos de sus políticas fiscales y monetarias son similares en los países de la región, también en comparación con las potencias económicas, que intenta ser expansivas. En el caso de Colombia, la realidad es que prima la mezquindad del gobierno en su política fiscal y en mercados emergentes.

Pero, hay una diferencia abismal entres los países hispanoamericanos (incluida Colombia) y las economías de las potencias, en la parte cuantitativa de su política fiscal, que ha sido significativamente más alta en promedio. Las respuestas de la política fiscal por las economías desarrolladas giran en promedio del 8,5% de su PIB, mientras que en los países de la región latinoamericana es en promedio de 4,0% de su PIB.

El impacto económico de Sar-Cov-2 se relaciona con las respuestas de los agentes económicos y los formulares de políticas, a saber, las políticas de distanciamiento social que afectan gravemente a la economía de los países de la región como Colombia y los sectores donde hay más contacto físico como: turismo, comercio, ocio y recreación.

A demás afecta demasiado a las familias, porque, por ejemplo, en Colombia el 47% de los ocupados son informales y trabajan en el comercio, por lo tanto, se destruye este tipo de ocupación informal y se quedan sin ingresos para satisfacer las necesidades básicas, golpea sobre todo a las mujeres, que son las que más trabajan en estos sectores y también un gran porcentaje son informales, acrecentado la desigualdad de género. Igual pasa con los jóvenes, la única manera de compensar este impacto en la economía es a través de acciones de política económica fiscal y estímulos monetarios (como la relajación cuantitativa). Como lo está haciendo con gran alcance la Unión Europea, Japón y Estados Unidos. Pero, aquí en Colombia, son de una magnitud muy baja y para rematar aplicando políticas ochenteras del FMI que no tienen nada que ver con los tipos de política monetaria y fiscal modernas y coordinadas que se está usando alrededor del mundo.

Esto implica que el impacto de la pandemia va a ser de un mayor costo para la actividad económica y, por lo tanto, las estimaciones tienen que ser más pesimistas para el crecimiento de su PIB, por lo tanto, más realistas.

Tampoco se puede creer, la manera cínica del gobierno colombiano, cuando dice su ministro de hacienda Carrasquilla que Colombia va a tener un crecimiento económico en forma de V y que para el año 2021 va a tener un rebote en el crecimiento de 6%, esta manera de optimismo de Colombia recurriendo a la premisa falsa que el impacto sanitario ha sido menor en el país en comparación con los países de la región y de mundo.

Una explicación entre las diferencias de los análisis y las proyecciones de los datos del FMI y el Banco Mundial es que es política. Cada uno de estos organismos multilaterales tienen sedes regionales, en este caso Latinoamérica y El Caribe, que hacen pronósticos de crecimiento, y aunque las estimaciones económicas mundiales finalmente son el producto del departamento de investigación de la sede, el informe de este último es limitado. Las sedes regionales tienen una relación más cercana con los gobiernos de los países clientes, como en el caso de Colombia, y tienen un mayor incentivo para internalizar los deseos y preferencias de los gobiernos, como se explicó en párrafos anteriores.

Por lo tanto, el optimismo sobre el crecimiento de los países de la región y de Colombia no está justificado.

Esto también se evidencia en los datos de desempleo que ha causado la cuarentena de Sar-Cov-2, que cierra los principales sectores de la economía, significa una gran tasa de desempleo, que para el trimestre anterior fue de 21,4% y 4,9 millones de personas pasaron a convertirse en desocupadas, 2,06 millones de colombianos perdieron sus puestos, en comparación con mayo de 2019 y una población inactiva que fue para mayo de 2020 de 17,8% y que aumento a 3 millones de personas, en comparación con mayo de 2019, que por la pandemia no han podido buscar trabajo ni han podido trabajar.

No solamente se produce una histéresis, sino que las fluctuaciones en el desempleo pueden tener diferentes fuentes. Por una parte, cuando hay un crecimiento económico, por lo general, un aumento de la demanda por trabajo y una disminución en el número de desempleados. Caso contrario, cuando se presenta una recesión como la que estamos viviendo por Sar-Cov-2 que afecta a toda la economía. Se espera que este shock de demanda se traduzca, principalmente, como movimientos a lo largo de una relación estable de pendiente negativa de la curva Beveridge, entre el desempleo y las vacantes, mientras que los cambios estructurales en la eficiencia del proceso de correspondencia o en la tasa a la que se destruyen los trabajos que genere movimiento descendente o ascendente en la curva Beveridge.

El ciclo económico tiene un efecto positivo sobre la demanda por trabajo y una relación inversa con la tasa de desempleo, por lo tanto, aumenta el consumo agregado, que aumenta la demanda y ocasiona que aumente la producción. Como consecuencia aumenta el empleo y vuelve aumentar la demanda más que proporcionalmente por el multiplicador de la demanda.

Esto explica por qué John Maynard Keynes decía que a corto plazo hay que hacer una gran inversión del estado y por qué le daba énfasis en el gasto a corto plazo para superar un ciclo de recesión, lo que ocasiona que la inversión de la empresa aumente y el gasto de gobierno. Pero, esto a veces no se traduce en más empleo por problemas estructurales de la economía de un país o región. Y este fenómeno también explica por qué las estimaciones de recuperación en forma de V que predice el gobierno y las estimaciones sesgadas de FMI y BM están equivocadas, como se explicó anteriormente. Esto se argumenta a través de la curva Beveridge que nos muestra una relación inversa entre desempleo y las oportunidades de trabajo o vacantes, como explico de forma detallada a continuación:

Como se acaba de explicar en el párrafo anterior, las altas tasas de desempleo pueden ser el resultado de cambios estructurales en la economía producida por un shock masivo (sanitario, oferta, demanda y financiero) como SAR-Cov-2, haciendo que se reestructuren las necesidades de habilidades de capital humano de un país como Colombia, con una duración que estimo de más de año, aunque es incierto cuánto va a durar. Muchos sectores van a disminuir, por ejemplo, hoteles, restaurantes y la aviación, entre otros. El sector ocio y recreación, que se va a ver afectado, particularmente, en una ciudad como Cartagena, originando movimientos en vacantes y desempleados, donde van a haber desempleados del sector hotelero, que por su formación no pueden trabajar en el sector petroquímico, por lo tanto, esa vacante no puede ser ocupada, esto lo explica la pendiente negativa de la curva Beveridge, esto puede generar diferentes tipos de impacto – agregados o sectoriales – que afectan al mercado de trabajo de Colombia.

Como se acaba de mencionar en el párrafo anterior, la curva de Beveridge a través de su pendiente negativa, que su forma representa la relación negativa entre vacante y desempleo, en la función matching de emparejamiento, cuando se realiza esta curva para un país, en este caso Colombia, permite a los formuladores de políticas de trabajo, definidas según Mintrabajo como: "política de mercado de trabajo, que se caracteriza por un conjunto de instrumentos y programas a través de los cuales el sector público interviene en dicho mercado, con objeto de combatir o evitar el desempleo, mitigar sus efectos y apoyar a la población activa en riesgo de desocupación. Se dividen en Políticas Activas y Pasivas".

Generar políticas activas, según Mintrabajo, "son las que se caracterizan por ayudar a los desempleados para insertarlos en el mercado de trabajo y a su vez, implementar mecanismos para evitar que las personas pierdan su empleo. A través de la generación de empleo de calidad, tratar temáticas como: educación para el trabajo y desarrollo humano, reconversión laboral y brechas de capital humano, entre otras. Que permitan la empleabilidad de la población del país".

Estas políticas tienen orientación a mejorar y optimizar el proceso de emparejamiento entre trabajadores y empresas de Colombia, pero para esto necesitamos un trabajo mancomunado o gobernanzas con el Ministerio de Trabajo, como formuladores de políticas de trabajo como ente rector, con Ministerio de Hacienda para generar los recursos para su aplicación de parte de Departamento de Planeación Nacional y de los diferentes entes territoriales y otros ministerios.

Que el Ministerio de Trabajo deje de pensar que solo es control y vigilancia, cuando lo que necesita es su componente técnico para lograr la implementación, se puede decir, masiva de una política activa de trabajo dadas las circunstancias. Para esto se necesita estimar los modelos de búsqueda y emparejamiento regionales y nacional, que permita tener los datos para que los formuladores puedan generar políticas activas de trabajo, que sean aterrizadas en los territorios y en el país, se necesita que Mintrabajo tenga esa capacidad técnica.

A continuación, explicaré cómo se comporta la curva de Beveridge, que utiliza información sobre el comportamiento de los individuos en el mercado laboral, hace parte del conjunto de teorías que describen un funcionamiento no competitivo del mercado de trabajo, es decir, describen como los puestos de trabajo están formados en cada momento del tiempo, como una función del número de trabajadores buscando trabajo y el número de empresas que están buscando trabajadores.

En el equilibrio, la existencia de libre movilidad del trabajo sin costes, información perfecta y que no tiene la barrera de conocimiento o experiencia, es decir, que no importa la profesión o puesto que ocupaba, se puede desempeñar en cualquier sector de la economía. Esta homogeneidad determinaría que aquellos trabajadores que deciden renunciar a su puesto de trabajo o son despedidos, se trasladaran de manera inmediata hacia otros puestos existentes, por lo que el desempleo existente en este tipo de mercado sería mínimo y tendría un carácter coyuntural.

No obstante, en diferentes papers nos muestran la existencia de determinadas características de dichos mercados que alejan a los trabajadores de una estructura puramente competitiva, debido a la existencia de niveles de desempleo relativamente altos y persistentes, y de diferencias salariales de carácter permanente, es decir, no se cumplen los supuestos planteados en el párrafo anterior, debido a que los trabajadores son diferentes, tiene distintos niveles de estudio, diversas carreras, experiencias en diferentes sectores, como ejemplo de esto, un mesero no puede trabajar en una refinería.

El mercado de trabajo es imperfecto en términos de información y movilidad, las vacantes poseen características diferentes al requerir trabajadores con un determinado perfil ocupacional. Estas características permiten analizar el mercado de trabajo a través de la existencia de una función de emparejamiento. El modelo de búsqueda y emparejamiento es la forma de explicar las nuevas contrataciones como función del número de buscadores de trabajo y el número de oferentes. Es evidente que entre mayor sea el número de vacantes y desempleados, mayor será el emparejamiento. Sin embargo, la función matching captura la eficiencia de este proceso, es decir, no se trata de encontrar los determinantes del número de desempleados y de vacantes, sino de los factores agregados que influyen en dicha eficiencia de emparejamiento.

La función matching usualmente es modelada por una función tipo Cobb-Douglas, dependiendo del número de variables exógenas, puede ser expresada como se ve a continuación:

$$EMP = emp(DE_t, VA_t)$$

Donde EMP = emparejamiento DE y VA son el número de desempleados y de vacantes en una economía. De acuerdo con esta función, cuanto mayor sea el número de puestos ofrecidos más fácil es para un desocupado encontrar vacantes a las cuales pueda aspirar. Ahora, si se asume el tiempo como continuo y, además, que la probabilidad de que un trabajador empleado sea despedido es sigma σ , el desempleo estará definida como:

$$\Delta\mu_t = \sigma_t(1 - \mu_t) - emp(DE - VA)$$

En el momento en que la variación de la tasa de desempleo sea cero, la ecuación resultante corresponde a la curva de Beveridge. Esta, a su vez, depende de la tasa de despidos ($t\sigma$) y de la tasa de contrataciones o también conocida como función de emparejamiento $EMP = emp(DE_t, VA_t)$.

De este modo, la función agregada de emparejamiento da el número de "emparejados" formados en cada momento del tiempo dado un número de desempleados, o que buscan trabajo, y el número de vacantes. La curva de Beveridge analiza la relación entre estas dos variables. Si es eficiente, el número de matches es el mínimo de una de estas dos variables. Sin embargo, el proceso de matching está caracterizado por fricciones, lo que lo hace ineficiente. Estas fricciones pueden deberse a información asimétrica, en las habilidades, movilidad, o por aspectos de gusto y preferencia de los buscadores de trabajo. El nivel de desempleo depende del flujo de entrada y del flujo de salida del mercado, a su vez, la disponibilidad de vacantes a la fecha al flujo de salida, por tanto, existe una relación entre vacantes y desempleo. Para llegar a un estado estacionario en donde la tasa de desocupación sea contante, se debe cumplir que la tasa de despidos y la tasa de contratación sean iguales. Es decir;

$$\sigma t(1- \mu t)= emp(DE-VA)$$

De acuerdo con esta ecuación, la tasa de desocupados crece si la tasa de despidos es mayor que la tasa de contrataciones.

Los puntos sobre la curva Beveridge representan combinaciones de vacantes y desempleados, donde esta última no varía; los puntos por debajo de la curva indican una menor tasa de vacantes para cada tasa de desocupados, por lo que el desempleo aumenta y desplaza la curva hacia la izquierda; mientras que los puntos por arriba de la curva indican que para cada tasa de desempleo hay una mayor tasa de vacantes, por lo que el desempleo disminuye la curva se desplaza hacia la derecha. A continuación, la gráfica de la curva Beveridge:

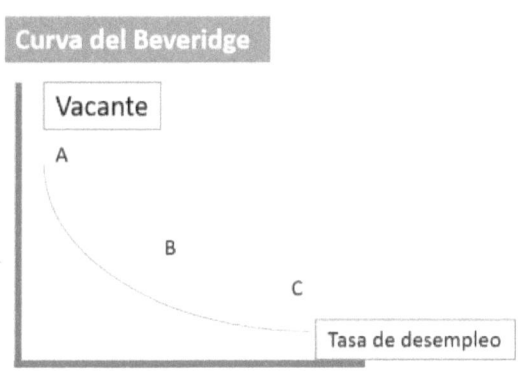

Gráfico elaboración del autor

Si la curva Beveridge se mantiene estable en el tiempo, significa que la función de emparejamiento no ha sufrido cambios, por lo que las fluctuaciones en el desempleo corresponden al ciclo económico, es decir, la curva ha sufrido choque de actividad agregada.

Por ejemplo, si se genera un ciclo de expansión económica, como se explicó en párrafos anteriores, esto genera la creación de puestos de trabajo, es decir, aumenta las vacantes y al mismo tiempo, al aumentar el número de puestos de trabajo, disminuye el número de desempleo. Esto genera un movimiento ascendente a lo largo de la curva del punto A al punto B, es decir, se crea un nuevo punto de equilibrio con mayor tasa de vacantes y menor tasa de desempleo.

No obstante, este tipo de impacto es transitorio y por ende en un determinado momento su efecto desaparecerá, y por ende, el número de desempleados aumentará y la oferta de vacantes caerá, volverá al mismo tipo de equilibrio del principio, cuando hay un ciclo de contracción puede aumentar la tasa desempleado y disminuir las vacantes en los diferentes sectores, generando un movimiento descendente de dentro de la curva, pero como es transitorio se supone que este va a volver después a su punto de equilibrio anterior, pero si a esto lo acompaña un proceso de histéresis el análisis cambia, como se muestra en el siguiente gráfico:

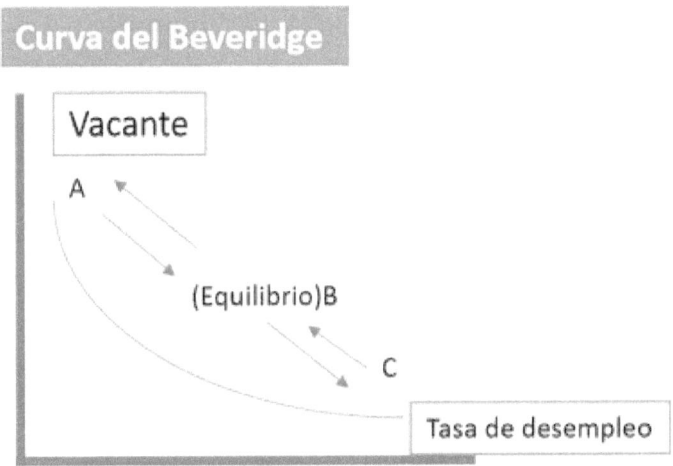

Gráfico elaboración del autor

A veces puede ocurrir que, en algunos sectores como el turismo esta crisis de Sar-Cov-2 esté generando un aumento en el desempleo, mientras que en otros sectores se esté dando un aumento de vacantes como en el sector médico, pero estas últimas no se llenan con los desempleados del turismo, porque los emparejamientos han experimentado cambios.

Esto genera que se dé la paradoja de que el número de desempleados y los puestos vacantes aumenten al mismo tiempo. Por lo que se espera que la curva Beveridge se desplace hacia afuera, este tipo de desempleo a largo plazo parece ser el determinante más significativo de la eficiencia de emparejamiento en todas las diferentes evidencias empíricas de los papers, y su importancia está vinculada al alto poder explicativo que esta variable exhibe después de la crisis, a la luz del aumento repentino y marcado en la duración promedio de períodos de desempleo.

Estos fallos en el emparejamiento de las personas que buscan trabajo y las vacantes disponibles nos muestran que un alto y persistente nivel de desempleo (histéresis) puede causar problemas de emparejamiento. La razón radica en que las habilidades demandadas y ofrecidas no van en la misma dirección, como variable explicativa en el proceso de generación del desempleo. Esto se ve en los diferentes desplazamientos de la curva a continuación:

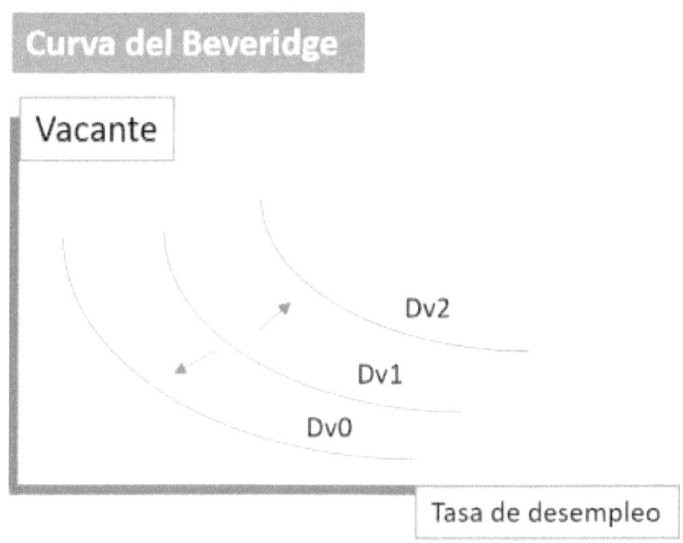

Curva del Beveridge

Vacante

Dv2

Dv1

Dv0

Tasa de desempleo

Gráfico elaboración del autor

Como se explica las estimaciones sesgadas de los organismos multilaterales, inducen a los gobiernos a cometer errores en la formulación de políticas públicas anticíclicas y esta información asimétrica genera mala decisiones en los agentes económicos, que afectan su bienestar, una buena parte de lo que se necesita para salir de la crisis es que los formuladores de política lo hagan bien, porque los choques negativos son múltiples y complejos, como en el empleo se cuándo se presenta un shock masivo como este que se explicó párrafos anteriores.

SOBRE EL AUTOR

David Pinto Cataño, colombiano, Economista y profesional en Finanzas y Negocios Internacionales. Premiado con la distinción Cum Laude como el mejor estudiante de economía de su promoción. Catedrático universitario en las áreas de economía, estadística, negocios internacionales y fianzas.

Experto en planeación y finanzas públicas, con una vasta experiencia en la rama. Columnista y analista económico de portales digitales.

Asesor en proyectos públicos, formulación de políticas públicas, proyectos de ley, ordenanzas y acuerdos.

Experto en gobernanza, asistencia técnica en formulación de políticas públicas para el trabajo decente y en proyectos de espacio público.

www.ingramcontent.com/pod-product-compliance
Lightning Source LLC
Chambersburg PA
CBHW021356210526
45463CB00001B/118